LIEBE KOLLEGINNEN UND KOLLEGEN 3

WIE FUNKTIONIERT`S? INFORMATIONEN RUND UMS PROJEKT

ZWEI GRUNDMODELLE DES PROJEKTLERNENS 4
- Das lineare Projektmodell 4
- Das integrative Projektmodell 4

PROJEKTMERKMALE 5

VORBEREITUNG VON PROJEKTEN 6
- Die Schülerrolle im Projekt 7
- Die Lehrerrolle im Projekt 7
- Eltern und Projekte 8
- Die Vorbereitung von Schülern aufs Projektlernen 8

TIPPS ZUM PROJEKTVERLAUF 9

PHASE 1: VON DER PROJEKTINITIATIVE BIS ZUM PROJEKTTHEMA 10
- Sechs mögliche Wege ins Projekt 10
- Projektziel 12
- Antizipierende Projektanalyse 12
- Projektleitfaden für Schüler 12

PHASE 2: VON DER PROJEKTPLANUNG BIS ZUR RISIKOANALYSE 12
- Projektstrukturplan (PSP) 13
- Projektablaufplan (PAP) 13
- Risikoanalyse 13
- Meilensteine 13
- Pflichtenheft 14

PHASE 3: DURCHFÜHRUNGSPHASE 14
- Scharniersitzungen 14
- Unterstützung der Arbeit in Gruppen 16
- Organisatorisches 17
- Ergänzendes Material 18

PHASE 4: PRÄSENTATION UND/ODER AKTION 18
- Präsentation 18
- Aktion 19

PHASE 5: REFLEXION, DOKUMENTATION, EVALUATION UND BEWERTUNG 19
- Reflexion 19
- Dokumentation 19
- Evaluation 20
- Bewertung 20

LITERATURTIPPS 21

PROJEKTLEITFADEN FÜR SCHÜLER 22

SO KLAPPT`S! – KOPIERVORLAGEN UND MATERIALIEN

MATERIALÜBERBLICK 28

MATERIALIEN ZUR GRUPPENARBEIT
- Infoblatt Gruppenarbeitsphasen 29
- Infoblatt Arbeitsteilige Gruppenarbeit 30
- „Whose Job Is It?“ 31
- Protokollblatt für die Gruppenarbeit 32
- Fahrplan für die Gruppenarbeit 33

MATERIALIEN ZU PHASE 1

Infoblatt Brainstorming . . . 34
Projektuhr . . . 35
Themenspeicher . . . 36
Antizipierende Risikoanalyse durch den Lehrer . . . 37
Projektzielformulierung . . . 38
Checkliste Projektvorbereitung . . . 39
„Spickzettel" für Elternabend oder Elternbrief . . . 40

MATERIALIEN ZU PHASE 2

Inhaltsverzeichnis Projektdokumentation . . . 41
Projektstrukturplan . . . 42
Projektablaufplan . . . 43

MATERIALIEN ZU PHASE 3

Projektausweis . . . 44
Tagesprotokoll Projektgruppenarbeit . . . 45
Problemanalyse mit dem Fischgrätdiagramm . . . 46
Zusammenarbeit verbessern mit der „U-Prozedur" . . . 47
Diagnosebogen Gruppenarbeit . . . 48
Wie man Teamarbeit sicher verhindern kann . . . 49
Feedbackregeln . . . 50
Beobachtungsbogen für betreuende Lehrer . . . 51
Abmeldung für Projektarbeit außerhalb der Schule . . . 52
Projektstatusbericht . . . 53
Scharniersitzungsampel . . . 54
Folie Blitzlicht . . . 55
Infoblatt Rollenspiel . . . 56
Rollenspielkarten . . . 57
Beobachtungsbogen Rollenspiel . . . 58
Fünf Punkte für ein gutes Interview . . . 59
Arbeitsblatt Internetrecherche . . . 60

MATERIALIEN ZU PHASE 4

Präsentationsideen im Überblick . . . 61
Die sechs wichtigsten Tipps für eine gute Präsentation . . . 62
Beobachtungsaufträge zur Präsentation . . . 63
Beobachtungsbogen zur Präsentation . . . 64
Bewertungsbogen Powerpoint-Präsentation . . . 65
Elternbrief: Einladung zur Präsentation . . . 66

MATERIALIEN ZU PHASE 5

Verbale Beurteilungen verfassen . . . 67
Teamarbeit – Selbst- und Fremdeinschätzung . . . 68
Bewertungsbogen Projektarbeit . . . 69
Projektevaluation Schüler . . . 71
Projektevaluation Eltern . . . 72
Projektevaluation Lehrer . . . 73
Projektreflexion des Lehrers . . . 74
Projektrückschau Schüler . . . 76
Testat mit Projektkompetenzraster . . . 77

Liebe Kolleginnen und Kollegen,

der Projektunterricht ist eine Unterrichtsform mit spezifischen Stärken, die für die Schule und die Schüler genutzt werden sollten. Mit diesem Heft möchte ich Ihnen eine **praxisorientierte Hilfestellung** geben, die Sie dabei unterstützt, die Schüler auf Projektarbeit vorzubereiten, Projekte zu initiieren, Projekte zu begleiten und Projekte zu evaluieren.

Mein Ziel wäre es, dass Sie das Projekt als vielfältige, variable Lernform mit großen Lernchancen entdecken. Dazu möchte ich Ihnen im ersten Teil zunächst den **Hintergrund aufbereiten**, der Ihnen die Systematisierung von Projekten erleichtert. Sie können vor diesem Hintergrund unterschiedliche Projekte einordnen und sind damit in der Lage, reflektierte didaktische und methodische Entscheidungen zu treffen. Auch die Ursachen für Erfolge oder Misserfolge von Projekten lassen sich mit Blick auf die verschiedenen Projektmerkmale oft leichter ausmachen. Im Sinne einer stetigen Unterrichtsverbesserung sind diese Erfahrungen dann die Pfunde, mit denen Sie pädagogisch wuchern können.

Die folgenden **Hinweise zur Vorbereitung und zum Projektverlauf** im Abschnitt „Wie funktioniert's?" geben einen klar strukturierten Überblick, der Ihnen als Planungshilfe für das eigene Vorgehen dienen kann; die Verweise auf die entsprechenden Kopiervorlagen im Materialteil erleichtern die konkrete Umsetzung.

Bei Ihnen „brennt es" – Sie stehen kurz vor einem Projekt und brauchen schnell konkrete Hilfe? Dann können Sie sich auf S. 28 einen raschen **Überblick über die angebotenen Materialien** verschaffen und finden hoffentlich direkt zur fehlenden Vorlage!

Für viele Schüler ist Projektlernen ebenfalls Neuland. Wenn Sie Ihren Schülern die ersten Schritte im unsicheren Gelände erleichtern wollen: Geben Sie ihnen den **„Projektleitfaden für Schüler"** (S. 22 ff.) an die Hand! Diese kurze Einführung in die Projektmethode beantwortet die wichtigsten Fragen und legt eine gemeinsame Grundlage für die weitere Arbeit – natürlich auch für die Vorbereitung auf die Kompetenzprüfung!

Schließlich bietet Ihnen der Materialteil (ab S. 29) eine **Materialfundgrube rund ums Projekt** an – von der „Checkliste Projektvorbereitung" bis zur „Projektevaluation" (die mit „L" gekennzeichneten Materialien sind speziell für die Hand des Lehrers). Viele der Vorlagen können auch außerhalb von Projekten im Unterricht eingesetzt werden.
Ab der sechsten Auflage finden Sie am Ende zusätzlich ein Projekttestat mit Projektkompetenzraster. Je nachdem, ob Sie das Projekt bewerten möchten oder ausschließlich eine Rückmeldung zu den Kompetenzen der Schüler geben wollen, können Sie die erste Seite des Testats mit verwenden oder nur das Projektkompetenzraster zur Rückmeldung an die Schüler nutzen. Wenn Sie an der Schule verschiedene größere Projekte durchführen, können die betreuenden Lehrer ihren Schülern auch in verschiedenen Farben Rückmeldung über die Projektkompetenz geben. So werden die Entwicklung und der Kompetenzzuwachs deutlich.
Damit Sie die Materialien besser an Ihre individuellen Bedürfnisse anpassen können, finden Sie einige Vorlagen, unter anderem das neue Projektkompetenzraster, zusätzlich als editierbare Word-Dokumente unter: www.aol-verlag.de/5572.

Ich würde mir wünschen, dass Sie viele Projekte erproben, reflektieren, verändern, wiederholen und dass die Unterrichtsform Projekt neben anderen Formen einen wohlverdienten festen Platz in Ihrem Unterrichtsrepertoire findet. Seien Sie bei allen Versuchen nicht zu streng mit sich und nicht zu streng mit der Unterrichtsform „Projekt". Auch andere Unterrichtsformen halten, betrachtet man sie „outputorientiert", nicht immer und vor allem nicht auf Anhieb, was sie versprechen.

Viel Spaß, Erfolg und Lernerlebnisse mit Projekten und Projektversuchen wünscht Ihnen

Florian Nohl

Zwei Grundmodelle des Projektlernens

In diesem Heft wird zwischen zwei strukturell unterschiedlichen Grundformen des Projekts unterschieden, die jeweils verschiedene Stärken haben[1].

[1] vgl. Woodward und Richards, dargestellt in: Apel, Hans Jürgen; Knoll, Michael: Aus Projekten lernen. Grundlegung und Anregungen, Oldenbourg: München 2001, S. 24 ff.

Das lineare Projektmodell

Beim linearen Projektmodell findet das Projekt im Anschluss an verschiedene Lehr- und Lernbemühungen zu einem oder mehreren Themengebieten statt. Entscheidend ist, dass das Projekt die Möglichkeit bietet zuvor Gelerntes, Geübtes und Vertieftes anzuwenden, zu verknüpfen und Transfer zu leisten. Für das Projekt „Ich entwerfe und baue ein Kleinmöbelstück", müssten zuvor zum Beispiel die Teilfähigkeiten technisches Zeichnen, Materialplanung, Bohren, Holzverbindungen, Berücksichtigung von Proportionen im Möbelbau eingeführt worden sein. Wenn der Lehrer sich am linearen Projektmodell orientiert, kann er systematisch das erforderliche Fachwissen, erforderliche Lern- und auch Kommunikationsmethoden einführen, bevor er sich mit seinen Schülern ans Projekt herantraut. Das Projekt hat dann vor allem Vertiefungs-, Anwendungs- und Übungsfunktion.

Schaubild 1: Das lineare Projektmodell

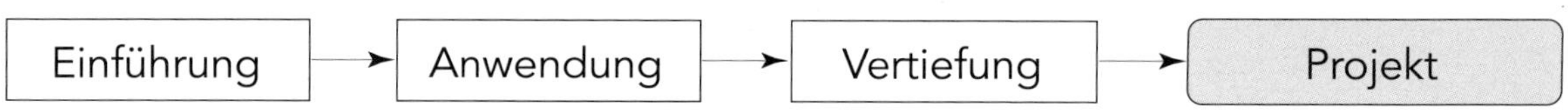

Das integrative Projektmodell

Beim integrativen Projektmodell steht das Projektvorhaben im Mittelpunkt. Eventueller Bedarf an Fachwissen, Fachmethoden, Übungen und Anwendungen wird während des Projektverlaufs festgestellt und entsprechende Bausteine „zwischengeschaltet". Das integrative Modell hat eine gewisse Ähnlichkeit mit induktiven Lernwegen – die Schüler entdecken hier ihren Lernbedarf. Innerhalb eines integrativ strukturierten Projekts „Wir bauen eine Wetterstation" würden die Schüler evtl. während des Projekts feststellen, dass sie zu wenig über klimatische Bedingungen wissen oder dass sie keine Klimadiagramme anfertigen und lesen können. Dem Lehrer verlangen so strukturierte Projekte viel Voraussicht, koordinierende Fähigkeiten und eine große Flexibilität ab.

Schaubild 2: Das integrative Projektmodell

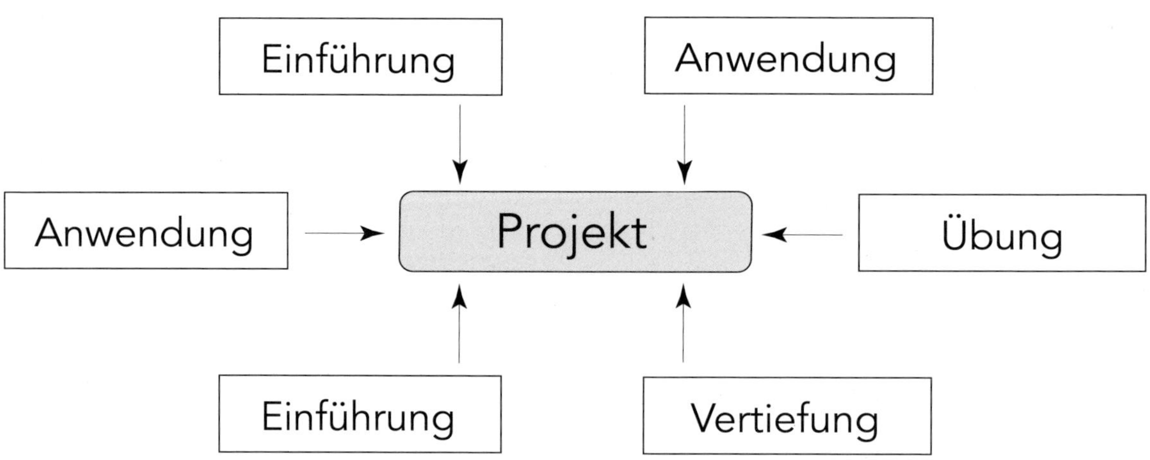

Projektmerkmale

Ein Projekt ist ein umfangreiches Arbeits- oder Lernvorhaben, bei dem ein festgelegtes Projektziel erreicht werden soll. Die (Lern-)Aufgabe wird von mehreren Schülern gemeinsam gelöst, indem verschiedene selbst (mit-)geplante Projektschritte durchlaufen werden. Das starke Mitspracherecht der Schüler bei allen Projektschritten fördert ihr Interesse und ihre Arbeitsbereitschaft. Beim Projektlernen spielen lebensnahe Themen, ganzheitliches, praktisches und handlungsorientiertes Lernen ebenso eine starke Rolle wie das fächerübergreifende, vernetzte Denken. Die große Selbstbestimmtheit der Lern- und Arbeitsprozesse im Projekt dient nicht nur der Motivation der Schüler, sondern ist ein wesentliches Bildungsziel.
Die Einordnung von Projekten nach verschiedenen Merkmalen ist eine Hilfe für Sie, wenn Sie – je nach Rahmenbedingungen, Zielen und Lerngruppe – entscheiden wollen, wie Sie ein Projekt konkret ausgestalten. Die Zusammenhänge zwischen Projektmerkmalen und Projektgestaltung sind noch nicht so systematisiert und erforscht, dass sich allgemein gültige Aussagen machen ließen. Zu den grundlegenden Merkmalen und Rahmenbedingenungen möchte ich trotzdem einige Gedanken anfügen.

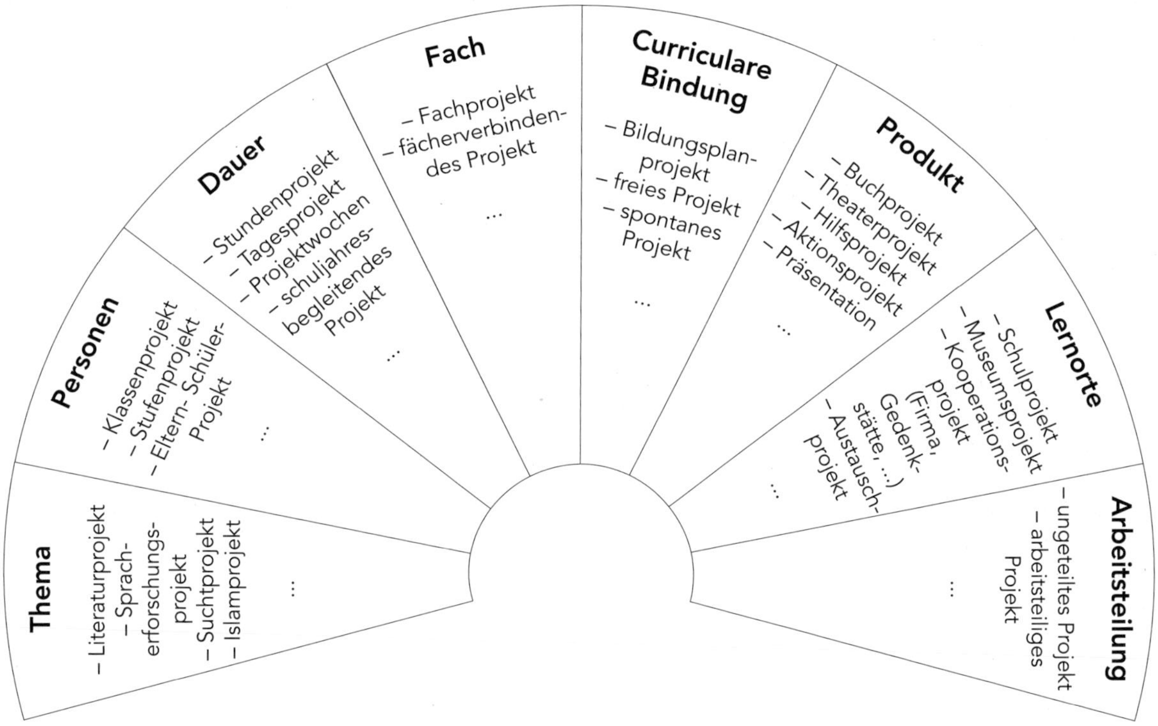

Schaubild 3:
Projektmerkmale[2]

[2] vgl.: Typologien und Formen des Projektunterrichts, in: Emer, Wolfgang; Lenzen, Klaus-Dieter: Projektunterricht gestalten – Schule verändern, Schneider: Hohengehren 2000, S. 131 ff.
Das Buch empfiehlt sich für die vertiefende Lektüre, wegen der kompakten und anschaulichen grafischen Darstellungen und wegen des Praxisbezugs.

Thema/Ziel:
In den meisten Fällen wird das Ziel eines Projekts das inhaltliche Lernen zu einem Thema sein. Möglich ist aber durchaus auch, anhand eines Projekts zu einem Thema, das ohnehin zu behandeln ist, das Ziel zu verfolgen, methodische Kompetenz aufzubauen. In diesem Fall würde in Scharniersitzungen der Reflexion methodischer Vorgehensweisen und Kompetenzen ein größerer Stellenwert eingeräumt werden. Auch das Zusammenwachsen einer Lerngruppe kann bei der Projektdurchführung stark im Vordergrund stehen, hier nähme dann die Thematisierung und Reflexion der Gruppenprozesse einen größeren Umfang ein.

Dauer/Zeitliche Ressourcen:
Beginnen Sie zunächst mit einem kleinen Projekt – schon in 5 oder 6 Stunden kann ein Kleinprojekt verwirklicht werden. Zur Übung des Projektlernens bietet sich ein geringerer zeitlicher Umfang an. Je nach zeitlichem Volumen und zeitlicher Strukturierung entstehen unterschiedlich

große Freiräume. Projektunerfahrene Schüler sollten nicht mit zu großen selbst zu füllenden Zeitfenstern konfrontiert werden.

Personelle Ressourcen und Größe der Lerngruppe:
Mit wachsender Größe der Lerngruppe steigt häufig der Koordinierungsbedarf im Projekt. Empfehlenswert ist es daher vielleicht, zunächst im Rahmen einer AG oder mit einer Teilgruppe ein Projekt durchzuführen. Auch die gemeinsame Betreuung einer großen Klasse durch ein Lehrerteam empfiehlt sich, wenn vorgeschriebene Lehrplanprojekte mit großen Gruppen erstmals durchgeführt werden. Häufig wird es eine schulorganisatorische Frage sein, wie man die Projektarbeit so strukturieren kann, dass kleinere Projektgruppen entstehen.

Curriculare Bindung:
Curricular vorgegebene Projekte weisen die Gefahr auf, dass sie thematisch so konkretisiert sind, dass Schüler gar keine interessengeleitete Wahl mehr bei der Themenfindung haben. Da für viele Projektdidaktiker damit die Projekthaftigkeit des Tuns ganz in Frage gestellt ist, müssen die Bildungsplanvorgaben hier gründlich hinterfragt werden.
Wird die Projektarbeit zu stark vorstrukturiert und vorgeplant, so werden die Motivation und der in Projekten mögliche Lernerfolg stark beeinträchtigt.

Projekterfahrung von Lehrern und Schülern:
Da Projektunterricht über viele Lehrergenerationen hinweg nicht Gegenstand der Lehrerausbildung war, ist es kein Makel, keine Projekterfahrung zu haben! Falls Sie Erfahrung mit offenen Lernformen wie Freiarbeit, Wochenplanarbeit und Werkstattarbeit haben, wissen Sie, dass der Erfolg dieser Unterrichtsformen auch stark davon abhängt, wie gut die Schüler auf diese Lernformen vorbereitet wurden.
Steigen Sie mit einem überschaubaren Projekt ein (überschaubarer zeitlicher Umfang, überschaubare Gruppengröße, überschaubare inhaltliche Komplexität der Sache, Anbindung an ein Fach, bekannte Lerngruppe). Fangen Sie an, wagen Sie sich in ein Projekt und verstehen Sie die Schwierigkeiten und Fehler als Motor für Ihren Lernzuwachs. Wenn Sie sich bei Ihrem ersten Projekt beschränken, können Sie Ihre Erfahrungen auch gewinnbringend reflektieren und herausfinden, welche Entscheidungen den Projektverlauf positiv oder negativ beeinflusst haben.
Die fachliche, methodische, soziale und kommunikative Kompetenz der Schüler wird im Projekt nicht nur gefördert, sondern auch gefordert. Für den Einstieg in ein Projekt ist die Projekterfahrung der Schüler nicht so wichtig wie die Vorbereitung der Schüler in den oben genannten Kompetenzbereichen. Methodenkompetente Schüler, die Gruppenarbeit und verschiedene Gesprächsformen gewöhnt sind, werden die Anforderungen eines Projekts sicher bewältigen können.

Vorbereitung von Projekten

„Für Projekte sind unsere Schüler doch viel zu unselbstständig", „Ein Projekt habe ich einmal ausprobiert – nie wieder ..." – solche und ähnliche Äußerungen zum Thema „Projekt" sind immer wieder zu hören. Diese Äußerungen bezeugen eine Überforderung auf Schüler- und Lehrerseite. Wenn Schüler und Lehrer versuchen, in einem Projekt von „null auf hundert" durchzustarten, muss das misslingen. Sowohl die Schüler- als auch die Lehrerrolle ist innerhalb eines Projekts eine ganz andere als im sonst überwiegenden Lehrgangsunterricht. Frustrationen auf beiden Seiten lassen sich vermeiden oder verringern, wenn der Lehrer eine gründliche **antizipierende Risikoanalyse** (S. 37) vornimmt.
Wir Lehrer müssen uns dazu durchringen, den Prozess zwar zu begleiten, uns aber nicht für das Gelingen allein verantwortlich zu fühlen. Dies kann gelingen, wenn ein Projekt ausgewählt wird, das vom Umfang, seiner Struktur und seinem Inhalt her nicht zu komplex ist. Eine gute Möglichkeit ist, zunächst ein in der Literatur beschriebenes kleines Projekt durchzuführen.

Die Schülerrolle im Projekt

Schüler müssen im Projekt ihre Arbeit selbstständig planen und umsetzen. Hierzu gehört, dass sie Fehler machen dürfen und ihre Planungen revidieren müssen. Große Aufgaben müssen sinnvoll unterteilt werden. Die Schüler arbeiten innerhalb einer Gruppe und müssen durch die Gruppendynamik verursachte Spannungen aushalten lernen und Strategien entwickeln, solche Probleme konstruktiv und kommunikativ zu lösen. Aufgaben müssen innerhalb der Gruppe halbwegs gerecht verteilt werden, gleichzeitig müssen Schüler die unterschiedliche Leistungsfähigkeit der Gruppenmitglieder erkennen und respektieren lernen. Die Schüler müssen im Projekt ihre (häufig schulisch anerzogene) strategisch-kurzfristige Arbeitshaltung in Frage stellen, weil sie nicht zu Erfolgen führt. Auf methodischer Ebene werden Schülern komplexe Lernhandlungen abverlangt: eigenständige Recherche, sinnvolle Mediennutzung, vernetztes Denken, Teamarbeit, Präsentationskompetenz und vieles mehr. Fazit: Schülern wird in einem Projekt sehr viel abverlangt!

Die Lehrerrolle im Projekt

Die Initiierung, Begleitung und Evaluation von Projekten verlangt uns Lehrern vor allem Prozesskompetenz ab. Natürlich planen wir schon immer Prozesse – aber Prozesse zu planen und Prozesse zu begleiten, die andere planen, sind zwei grundverschiedene Fähigkeiten!
Uns Lehrern fällt es häufig schwer, uns selbst zurücknehmen, gerade wenn wichtige soziale Lernprozesse oder Planungsprozesse bei den Schülern nicht reibungslos ablaufen.
Wir müssen hier eine Gratwanderung leisten: Einerseits gilt es, den Schülern in dem Maße Raum für eigene Fehler zu lassen, wie es für ihr Lernen förderlich ist, und gleichzeitig muss vermieden werden, dass die Schüler wegen Überforderung frustriert sind. Frustrationen und Misserfolge, die nicht mehr aufgefangen werden können, das Projekt scheitern lassen und letztlich die zukünftige Bereitschaft zur Projektarbeit zerstören, sollten auf jeden Fall vermieden werden.
Lehrer haben während des Projekts zwei große Aufgabenbereiche: Zum einen müssen sie Scharniersitzungen entsprechend des aktuellen Projektstands flexibel gestalten, und zum anderen müssen sie die Schüler in ihrer Gruppenarbeit, evtl. auch bei der Einzelarbeit, unterstützen.

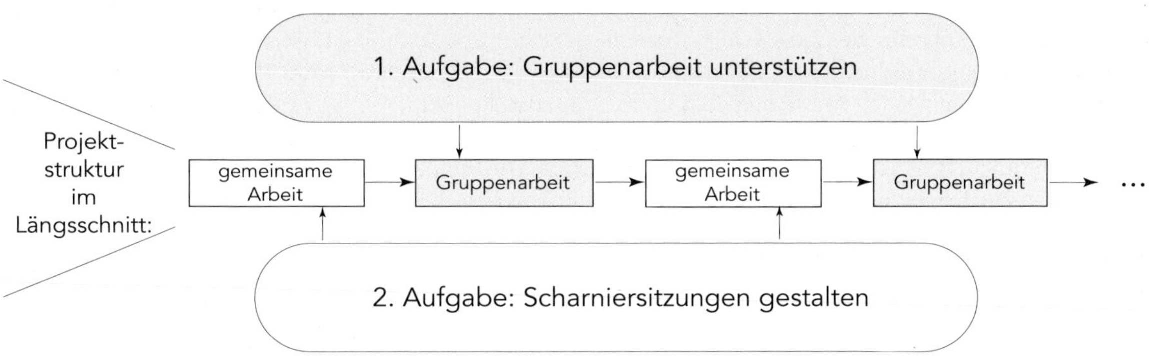

Schaubild 4: Zwei Hauptaufgaben des Lehrers während der Projektdurchführung

Der Optimalfall während der Gruppenarbeitsphasen der Schüler ist „subsidiäres Lehrerhandeln", d.h. der Lehrer interveniert nur dann, wenn sich die Schüler auch mithilfe der zur Verfügung gestellten Materialien zur Prozessanalyse **(Diagnosebogen Gruppenarbeit** S. 48; **Fischgrätdiagramm** S. 46; **U-Prozedur** S. 47) nicht mehr weiterhelfen können. Die Fähigkeit zum subsidiären Lehrerhandeln wirkt sich m.E. dann auch positiv auf zukünftigen Lehrgangsunterricht aus.
Während der Planungsphase sind Scharniersitzungen wahrscheinlich häufig nötig, oft wird die Planung gemeinsam mit der ganzen Lerngruppe geleistet werden müssen. Näheres zur Funktion und zum Ablauf von Scharniersitzungen finden Sie im Kapitel „Durchführungsphase" (S. 14 ff.). Bedenkt man, wie viel Zeit wir in unserer Lehrerausbildung investiert haben, um den Umgang mit der Unterrichtsgroßform „Lehrgangsunterricht" zu erlernen, nimmt es nicht wunder, wenn die Unterrichtsgroßform „Projekt" nicht aus dem Nichts heraus zu leisten ist.

Eltern und Projekte

Aus der Perspektive der Eltern sieht das Projekt, das Sie durchführen, ganz anders aus. Die Schüler kommen nach Hause und erzählen ihren Eltern zunächst das für sie Bedeutsame: „Wir waren heute in der Stadt – es war gar kein Lehrer dabei."– „Heute Morgen haben wir nur im Internet gesurft."– „Wir wissen gar nicht genau, was wir morgen machen sollen."– „Der Frank hat heute nur dabei gehockt und Herr Meier hat nix gesagt." Die Berichte der Schüler über Unterricht heben immer bestimmte, in ihrer isolierten Wirkung nicht immer wünschenswerte Teilaspekte des Erlebten heraus. Bei Projekten ist die Wahrscheinlichkeit zunächst hoch, dass bei Eltern der Eindruck entsteht, es gehe in der Schule alles drunter und drüber, der Lehrer überlasse die Schüler sich selbst usw.
Um solche Missverständnisse zu vermeiden ist es wichtig, dass Sie die Eltern vorher eingehend über Ihr Vorhaben informieren. Dieselben Aussagen ihres Kindes werden von den Eltern ganz anders eingeordnet werden, wenn der Lehrer zuvor auf einem Elternabend kurz vorgestellt hat, was ein Projekt ist, warum Schüler projektartig arbeiten sollen und warum Fehler und Irrwege fruchtbar sind und deswegen zugelassen werden.
Die Eltern spielen auch dann eine wichtige Rolle, wenn Schüler beispielsweise zu Hause ihrem Unmut über Prozesse in der Gruppe Luft machen. Vorinformierte Eltern können ihren Kindern gegenüber dann pädagogisch sinnvoller argumentieren und so die schulische Arbeit unterstützen, statt sie (häufig unbeabsichtigt) zu untergraben. Die Einbeziehung von Eltern als Experten in die Projektarbeit unterstützt die Öffnung der Schule. Und wenn schließlich die Eltern zur Projektpräsentation der Schüler eingeladen werden, wird eine kleine Öffentlichkeit geschaffen, die für zusätzliche Arbeitsmotivation sorgt.
Der **„Spickzettel" für den Elternabend** (S. 40) hilft Ihnen, die Projektarbeit auf dem Elternabend vorzustellen oder auch einen vorinformierenden Elternbrief zu formulieren.

Die Vorbereitung von Schülern aufs Projektlernen

Schüler können (und müssen!) aufs Projektlernen vorbereitet werden. Um sich die vielfältigen geforderten Kompetenzen bewusst zu machen, ist ein Stufenmodell hilfreich, das die Teilfähigkeiten darstellt, die Schülern in einem Projekt abverlangt werden. Nicht alle dargestellten Teilfähigkeiten können und müssen von den Schülern schon zum Projektstart beherrscht werden. Viele können auch innerhalb eines Projekts gut eingeführt oder thematisiert werden. Denn: Schüler können im Projekt erleben, dass methodische, soziale, personale und kommunikative Kompetenzen hilfreich sind. Wenn Sie in diesem Kontext Methoden einführen und anwenden, fällt Ihre Arbeit auf fruchtbareren Boden, als wenn Methoden ohne Anwendungskontext eingeführt werden.
Grundsätzlich gilt: Wir Lehrer müssen von Anfang bis Ende im Hinterkopf behalten, was ein Projekt Schülern alles auf einmal abverlangt!

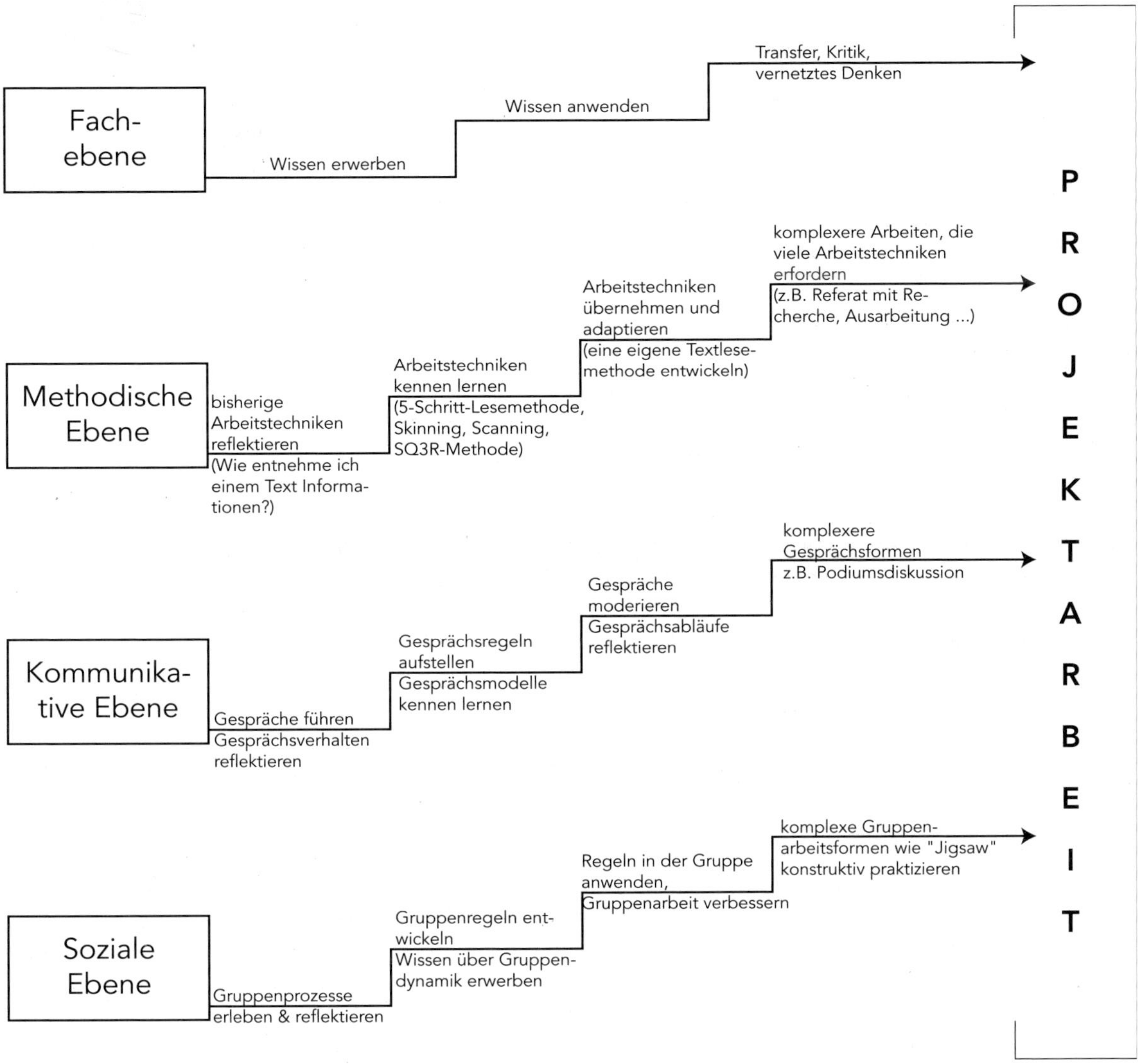

Schaubild 5:
Vorbereitung der Schüler aufs Projektlernen – gegliedert nach Kompetenzen

Tipps zum Projektverlauf

Jedes Projekt besteht aus verschiedenen Phasen. Die Projektphasen stehen in einer gewissen logischen Reihenfolge zueinander, folgen aber nicht zwingend zeitlich aufeinander. Für projektungeübte Schüler und Lehrer stellt es jedoch eine Hilfe dar, die Projektphasen auch zeitlich in der dargestellten Reihenfolge zu durchlaufen. Die **Projektuhr** (S. 35) können Sie auf A2 vergrößert ins Klassenzimmer hängen. In Scharniersitzungen und während der Gruppenarbeit hilft die Projektuhr, wenn Sie und die Schüler sich vergegenwärtigen möchten, wo sie im Prozess stehen.

Schaubild 6:
Projektphasen

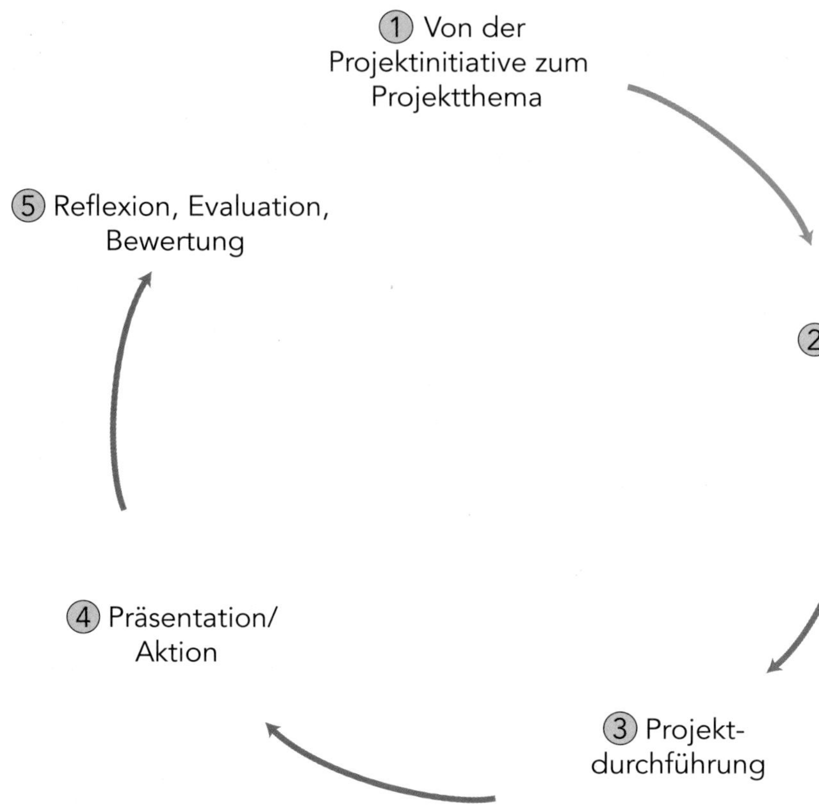

Projekte müssen als komplizierte Arbeitsvorhaben gut strukturiert werden. Die Unterteilung des Projekts in Phasen und die weitere Unterteilung der Arbeitsphasen in einzelne Arbeitsschritte, Aufgaben und Pflichten macht das Projekt erst überschaubar und damit leichter zu bewältigen. Die Schüler stehen nun nicht mehr vor einem unlösbaren großen Problem, sondern haben eine Reihe kleinerer Aufgaben zu erledigen, die sie sich auch zutrauen.

Vor dem Projekt empfiehlt sich die Einübung und Reflexion von Gruppenarbeit im Fachunterricht. Hierzu können Sie folgende Materialien einsetzen:

- Infoblatt **Gruppenarbeitsphasen** (S. 29),
- Infoblatt **Arbeitsteilige Gruppenarbeit** (S. 30),
- Nachdenken über Gruppenarbeit anhand des Gedichts **„Whose job is it?"** (S. 31),
- ein **Protokollblatt für die Gruppenarbeit** (S. 32) und
- den **Fahrplan für die Gruppenarbeit** (S. 33).

Phase 1: Von der Projektinitiative bis zum Projektthema

Sechs mögliche Wege ins Projekt

Die Phase Projektinitiative ähnelt der Einstiegssituation im Lehrgangsunterricht. Es geht darum, das Interesse der Schüler zu wecken, eine produktive Spannung hinsichtlich des Themas zu erzeugen, die Mitverantwortung der Schüler für das Lernen zu betonen und an ihren Erfahrungsstand anzuknüpfen. Es eignen sich also eine Vielzahl von Unterrichtseinstiegen auch für den Einstieg in Projekte[3]. Für einen Projekteinstieg ist es (neben den „üblichen Anforderungen" an den Einstieg) zentral, dass die Schüler die Möglichkeit haben das Thema mitzugestalten.

Vor oder während dieser Einstiegsphase ins Projekt hilft Ihnen die **Checkliste Projektvorbereitung** (S. 39), wichtige Vorbereitungsaufgaben im Auge zu behalten.

[3] Viele Ideen für Unterrichtseinstiege finden Sie in: Greving, Johannes; Paradies, Liane: Unterrichts-Einstiege. Ein Studien- und Praxisbuch, Cornelsen Scriptor: Berlin 1996

1. Themenspeicher
Schüler stellen häufig interessante Fragen, die nicht ausreichend beantwortet werden können, weil sie in der geplanten Unterrichtsdramaturgie keinen Platz haben. Das Vertagen dieser Fragen zugunsten eines erkenntnislogisch strukturierten Wissenserwerbs im Lehrgangsunterricht hat seine Berechtigung; trotzdem ist es schade, dass so manche Lernchance verschenkt wird und der Schüler den Eindruck erhält, eigene Fragen seien nicht „gefragt". Eine Möglichkeit, diese Fragen für den Unterricht zu nutzen, ohne von einem Exkurs zum nächsten zu schlittern, ist die Einführung eines Themenspeichers. Kopieren Sie die Vorlage **Themenspeicher** (S. 36) auf A3 oder A2 und sammeln Sie darauf über das Jahr hinweg interessante und weiterführende Schülerfragen. Umfangreichere Frage- und Problemstellungen aus diesem Themenspeicher können als Projekt bearbeitet werden.
Übrigens ist es für Klassenlehrer auch hilfreich, einen „Klassengeschäfte-Themenspeicher" zu führen, denn auch diese Themen stören häufig den geplanten Unterricht, dürfen aber nicht vernachlässigt werden.

2. Brainstorming
Geben Sie als Rahmenthemen für ein Brainstorming z. B. die Themen der Lehrplaneinheiten des Schuljahres vor. Oder geben Sie darin genannte Oberbegriffe vor. Dann sammeln Sie interessante Fragen, Ideen, Lösungsmöglichkeiten und interessante Tätigkeiten. Zentral ist beim Brainstorming das unzensierte Zulassen aller Vorschläge. Da wir von den Äußerungen anderer immer auch in unseren Gedanken beeinflusst werden, empfiehlt sich eine Trennung von Sammlung der Ideen und Äußerung der Ideen. Zwei Vorschläge für die Sammlungsphase:
Vorschlag 1: Jeder Schüler schreibt 5 Minuten lang alles auf, was ihm zum Thema einfällt.
Vorschlag 2: Jeder Schüler schreibt 3 Minuten lang alle Ideen zum Thema auf, reicht das Blatt an den Nachbarn weiter, der ergänzt für zwei Minuten, reicht es an den Nachbarn weiter, der ergänzt eine Minute lang. Anschließend bekommt jeder seine kommentierte Gedankensammlung zurück und kann diese wieder ergänzen. Dann wird laut vorgetragen.
Wichtig ist hierfür die Klärung der Brainstorming-Regeln (**Infoblatt Brainstorming**, S. 34).

3. Ausweitungsfrage
Geben Sie den Schülern ein Thema vor und fragen Sie, welche Aspekte man alle erarbeiten könnte, wenn man 10 Schulstunden Zeit hätte.

4. Anschauungsobjekte und Problemstellungen
Bringen Sie Anschauungsobjekte mit, die zum Nachdenken anregen: Fotos, Karikaturen, Gegenstände, Zitatzusammenstellungen, Zeitungsartikel, Reportagen, Filmausschnitte.
Beschreiben Sie ein Problem oder konfrontieren Sie die Schüler mit einem Problembericht eines Betroffenen (z. B. der Bericht über die Schwierigkeiten eines Behinderten bei der Reise in eine bestimmte Stadt). Diese Impulse lassen sich mit den oben genannten Brainstorming-Verfahren kombinieren.

5. Ideenwettbewerb, Verbesserungsvorschläge
Schreiben Sie in der Klasse einen Ideenwettbewerb aus, wie Unterricht und Schule verbessert werden könnten. Entwickeln Sie aus den Vorschlägen Projekte.

6. Produkt vorgeben
Sie können zum Beispiel die Aufgabe vorgeben, ein Badewannenboot herzustellen, das sich von allein bewegt. Diese Aufgabenstellung lässt viele Lösungsmöglichkeiten und verschiedenartige Produkte zu. Im PC-Bereich könnte die Aufgabe sein, mit EXCEL eine Anwendung zu erstellen, mit der der Schulbuchbestand verwaltet werden kann. In Deutsch könnte die Vorgabe sein, aus einer Geschichte ein Hörspiel zu produzieren.

Projektziel

Die Formulierung des Projektziels steht am Ende der ersten Projektphase. Das Projektziel muss sorgfältig formuliert sein, denn es hat leitende Wirkung über den gesamten Projektverlauf hinweg. Im Projektziel sollten der zeitliche Umfang, die Beteiligten und das Produkt- oder Aktionsziel genau beschrieben sein. Als veranschaulichende Vorübung können Sie Folgendes tun:[4]

1. Fragen Sie die Schüler, ob sie wissen, was ein Auto ist.
2. Geben Sie den Schülern den Auftrag, in 7 Minuten ein Auto zu zeichnen.
3. Lassen Sie die Schüler ihre Autos zeigen, Gemeinsamkeiten und Unterschiede beschreiben.
4. Sagen Sie den Schülern, dass es sich mit dem Projektziel ähnlich verhält: Jeder meint, er wisse, was gemeint ist, aber jeder stellt sich etwas anderes unter dem Projektziel vor.

[4] vgl. Boy, Jacques; Dudek, Christian; Kuschel, Sabine: Projektmanagement. Grundlagen, Methoden und Techniken, Zusammenhänge, Gabal Verlag: Offenbach 1994, S. 42

Um das Konkretisieren von Projektzielen zu üben, können Sie auf das Arbeitsblatt **Projektzielformulierung** (S. 38) zurückgreifen.

Antizipierende Projektanalyse

In einem Projekt hat der Lehrer die schwierige und ungewohnte Aufgabe, einerseits ein großes Zeitfenster offen zu halten, damit die Schüler ihren eigenen Lernweg entwickeln können, und andererseits darauf zu achten, dass nicht alles auseinander läuft, am Ende kein Ergebnis steht und alle unzufrieden sind. Die antizipierende Projektanalyse hilft dem Lehrer, sich auf das einzustellen, was ihm möglicherweise abverlangt wird.
Die Schüler benötigen zum Beispiel eventuell Material zum Projektthema, das sie sich kurzfristig nicht beschaffen können.
Nun sollen Sie natürlich nicht alle Vorarbeit für die Schüler leisten und immer sofort das gewünschte Material aus der Tasche zaubern, wenn ein Schüler Sie darum bittet. Sie müssen vielmehr entscheiden, wo der organisatorische Aufwand für den Schüler nicht im Verhältnis zum erwarteten Lerneffekt steht. Dieses Verhältnis kann sehr unterschiedlich sein. Es kann z.B. durchaus sinnvoll sein, einen Schüler mehrere Bibliotheken kontaktieren zu lassen, um ihm so seine Defizite in der Recherchekompetenz zu verdeutlichen und ihn zu mehr Selbstständigkeit anzuhalten.
Neben der Materialorganisation sollte der Lehrer auch Risiken des gewünschten Projekts einschätzen und durchdenken, ob und wie diese Risiken durch gute organisatorische Planung und Vorbereitung minimiert werden können: **Antizipierende Risikoanalyse durch den Lehrer** (S. 37).

Projektleitfaden für Schüler

Schüler werden in Zukunft im Lauf ihrer Schulzeit häufiger in Projekten lernen. Und auch wenn sie bereits Projekterfahrung haben, ist es für sie sicher hilfreich, auf einigen Seiten alle wesentlichen Informationen über das Projektlernen zu erhalten. Der **Projektleitfaden für Schüler** (S. 22 ff.) bietet Schülern eine kurze Einführung in die Projektmethode.

Phase 2: Von der Projektplanung bis zur Risikoanalyse

Ziel der Planungsphase ist, den Projektablauf möglichst genau und komplett zu durchdenken und zu planen, bevor das Projekt durchgeführt wird. Der erste hilfreiche Schritt hierfür ist die Sammlung der erforderlichen Aktivitäten in einem Projektstrukturplan. Sind alle notwendigen Schritte zum Projektziel gesammelt und möglichst detailliert beschrieben, wird im Projektablaufplan der Ablauf des Projekts geplant. Der Abschluss wichtiger Arbeitsvorhaben oder -pakete wird durch die Kennzeichnung von Meilensteinen hervorgehoben. Anschließend können in einer Risikoanalyse mögliche Störungen und Risiken antizipiert und Gegenmaßnahmen

eingeplant werden, um den Projektablauf sicherzustellen. Aus dem Projektablaufplan können schließlich Pflichtenhefte für die einzelnen am Projekt beteiligten Schüler oder Gruppen erstellt werden.
Schon während der Planungsphase sollten die Schüler auf die projektbegleitende Aufgabe der Dokumentation hingewiesen werden. Um die Erwartungen transparent zu machen, können Sie hier das **Inhaltsverzeichnis Projektdokumentation** (S. 41) an die Schüler ausgeben.

Projektstrukturplan (PSP)

Der **Projektstrukturplan** (S. 42) teilt die komplexe Lernaufgabe des Projekts in kleinere zu bearbeitende Aufgaben auf. Der Projektstrukturplan ist gleichzeitig eine Hilfe für die Bildung von Arbeitsgruppen in einem arbeitsteilig strukturierten Projekt. In integrativ strukturierten Projekten kann schon recht früh der Bedarf an einführenden Lehrgängen und Übungen aufgezeigt werden.

Projektablaufplan (PAP)

Im **Projektablaufplan** (S. 43) werden die zu leistenden Teilaufgaben des Projekts in eine zeitliche Reihenfolge gebracht. Hierbei wird deutlich, in welcher Abhängigkeit die einzelnen Aufgaben zueinander stehen und welche Verantwortung die bearbeitenden Gruppen auch für den Gesamtprozess und damit das Gelingen des Projekts haben. Der Projektablaufplan setzt einen Projektstrukturplan voraus. Möglicherweise wird man nach der Erstellung des Projektablaufplans feststellen, dass durch die Aufgabenverteilung einzelne Gruppen zum Beispiel nur am Anfang, andere nur am Ende des Projekts tätig sind. Nun hängt es von der zeitlichen Organisation ab, ob dies machbar ist. Wenn nicht, müssen die Teilaufgaben an dieser Stelle noch einmal so umverteilt werden, dass alle Arbeitsgruppen über den Projektverlauf hinweg gleichermaßen mit Aufgaben versehen sind.

Risikoanalyse

In der Risikoanalyse versuchen die Schüler mögliche Prozessrisiken zu antizipieren. Die gefundenen Risiken müssen gewichtet werden. Die Eintrittswahrscheinlichkeit allein ist nicht entscheidend. Die Schüler müssen sich v. a. darüber klar werden, welche Folgen entstehen, wenn ein Problem eintritt. Wenn z. B. der Fortgang des Projekts gefährdet wäre, müssen Sicherheiten eingeplant oder rechtzeitig ein Zwischenstopp eingelegt werden, um frühzeitig drohende Probleme in den Griff zu bekommen. Entsprechend den Risiken der **Antizipierenden Risikoanalyse durch den Lehrer** (S. 37) durchdenken die Schüler ebenfalls mögliche Risiken. Diese Risiken werden auf Zettel geschrieben und gewichtet. Für hohe Risiken müssen vorher mögliche Lösungen gefunden werden.

Meilensteine

Der Begriff „Meilensteine" kommt aus der Projektpraxis der Wirtschaft und bezeichnet Punkte im Arbeitsprozess, an denen wichtige Arbeitspakete oder Projektphasen abgeschlossen sind. Die Meilensteine werden im Projektplan festgelegt und in den Scharniersitzungen entsprechend in den Projektablauf eingeordnet und hervorgehoben. Ein Meilenstein in einem Geschichtsprojekt könnte zum Beispiel der Abschluss der Interviews mit Zeitzeugen sein. Gerade wenn der Projektprozess phasenweise eher mühsam voranschreitet, sind Meilensteine hilfreich um zu sehen, dass es vorangeht und dass Ziele erreicht werden.

Pflichtenheft

Ein Pflichtenheft kann die Aufgabenpflichten einer ganzen Klasse, einer Schülergruppe oder auch nur eines Schülers enthalten. Im Pflichtenheft ist ganz genau ausgewiesen, wer was wann mit wem zu bearbeiten hat. Das Pflichtenheft kann erst erstellt werden, nachdem Projektstrukturplan und Projektablaufplan erstellt sind und die Aufgaben den verschiedenen Gruppen zugeordnet worden sind. Das Pflichtenheft enthält die Arbeitspakete für das gesamte Projekt. Die Schüler formulieren z. T. auch in arbeitsteiliger Gruppenarbeit einzelne Arbeitsaufträge aus. Der Lehrer muss hier meist helfend unterstützen. Das Pflichtenheft in Loseblattsammlung ermöglicht es, einzelnen Arbeitsgruppen und Schülern Arbeitspakete zuzuteilen. Das Pflichtenheft gibt zwar konkrete Einblicke in die Projektarbeit, dient aber vorrangig nicht der Dokumentation, sondern der Vorausplanung zu erledigender Arbeiten. Bei der Bewertung kann die Differenz zwischen SOLL (Pflichtenheft) und IST (Schülerergebnisse) helfen, Beurteilungen transparent zu machen. Im Pflichtenheft sollten die zu erledigenden Pflichten so beschrieben sein, dass nicht nur die Tätigkeit, sondern auch das ungefähr erwartete Ergebnis und die Funktion des Ergebnisses fürs Projekt erkennbar sind. Pflichtenhefte sind ein geeignetes Werkzeug für komplexere Projekte, die eher in höheren Klassenstufen stattfinden.

Phase 3: Durchführungsphase

Scharniersitzungen

Ein wesentliches Element des Projektprozesses sind gemeinsame „Scharniersitzungen"[5] von Lehrern und Schülern: „Sie werden regelmäßig oder bei Bedarf anberaumt und haben vielfältige Aufgaben. Einerseits dienen sie dazu, organisatorische Fragen und inhaltliche Probleme zu klären, andererseits erlauben sie, Ereignisse und Begebenheiten zu besprechen, die sich außerhalb des Unterricht zugetragen, und Konflikte und Beziehungsprobleme zu bearbeiten, die sich innerhalb der Gruppe ergeben haben."[6]

Der Lehrer muss schon bei der Planung dafür sorgen, dass in angemessenen Abständen Scharniersitzungen eingeplant werden. Und während der Scharniersitzungen hat er die Aufgabe, den Schülern durch Metakommunikation immer wieder klar zu machen, warum die Übungen und Gespräche stattfinden und wo die Lerngruppe im Projektprozess steht.

Die **Scharniersitzungsampel**[7] (S. 54) ist ein Instrument, mit dem die Schüler den Stand der Projektarbeit auf verschiedenen Ebenen überprüfen und präsentieren können. Jede Schülergruppe stellt mithilfe der Ampelpunkte den Stand der Projektarbeit dar. Für den Leiter der Scharniersitzung (Lehrer oder Schüler) ist das die Entscheidungsgrundlage dafür, ob inhaltlicher oder methodischer Input nötig ist, ob verstärkte Koordinierung oder Planüberarbeitung notwendig geworden sind oder ob ein Problem aus der Gruppenarbeit exemplarisch bearbeitet werden soll.

[5] Der Begriff „Scharniersitzungen" stammt von Suin de Boutemard.

[6] Apel, Hans Jürgen; Knoll, Michael: Aus Projekten lernen. Grundlegung und Anregungen, Oldenbourg: München 2001, S. 50

[7] Nach einer Idee für Projektstatusberichte von Sonja Irmler

Zusammenhang zwischen Projektstruktur und Schwerpunkten der Scharniersitzungen

Je nach Projektstruktur bekommen die Scharniersitzungen unterschiedliche Schwerpunkte: In linearen arbeitsteiligen Projekten wird in den Scharniersitzungen häufig die Koordinierung der Einzelgruppentätigkeiten einen breiten Raum einnehmen. Bearbeiten innerhalb einer Klasse mehrere Gruppen eigenverantwortlich verschiedene Projekte, besteht weniger Koordinierungsbedarf und die Berichte über den Arbeitsstand helfen den Schülern vor allem, weil sie sehen, dass andere Gruppen ähnliche Gruppenspannungen und Arbeitsschwierigkeiten zu lösen haben. Die Schüler können dann durch die Scharniersitzungen vergleichen, wie andere Gruppen die arbeits- und gruppendynamischen Probleme lösen. In integrativ strukturierten Projekten wird in den Scharniersitzungen besprochen, welchen fachlichen Input die Lerngruppe noch braucht und wie und von wem dieser Input geleistet werden kann.

Für die Häufigkeit der Scharniersitzungen gibt es kein Patentrezept. Je nach Alter, Selbstständigkeit und Art der Projektarbeit können unterschiedliche Abstände sinnvoll sein. In der Sekundarstufe I sollte pro Projekttag mindestens eine Stunde Scharniersitzung eingeplant werden. Sollen Schüler ohne Rückkopplung einen ganzen Schultag selbst strukturieren und sinnvoll füllen, sind sie wohl meist überfordert. Werden Scharniersitzungen zu häufig und zu lange eingeplant, gerät das Verhältnis zwischen dem eigentlichen Prozess und der Prozessreflexion aus dem Gleichgewicht.

Das Schaubild 7 hilft Ihnen, die verschiedenen Funktionen und Aufgaben der Scharniersitzung im Hinterkopf zu behalten.

Schaubild 7: Funktionen von Scharniersitzungen

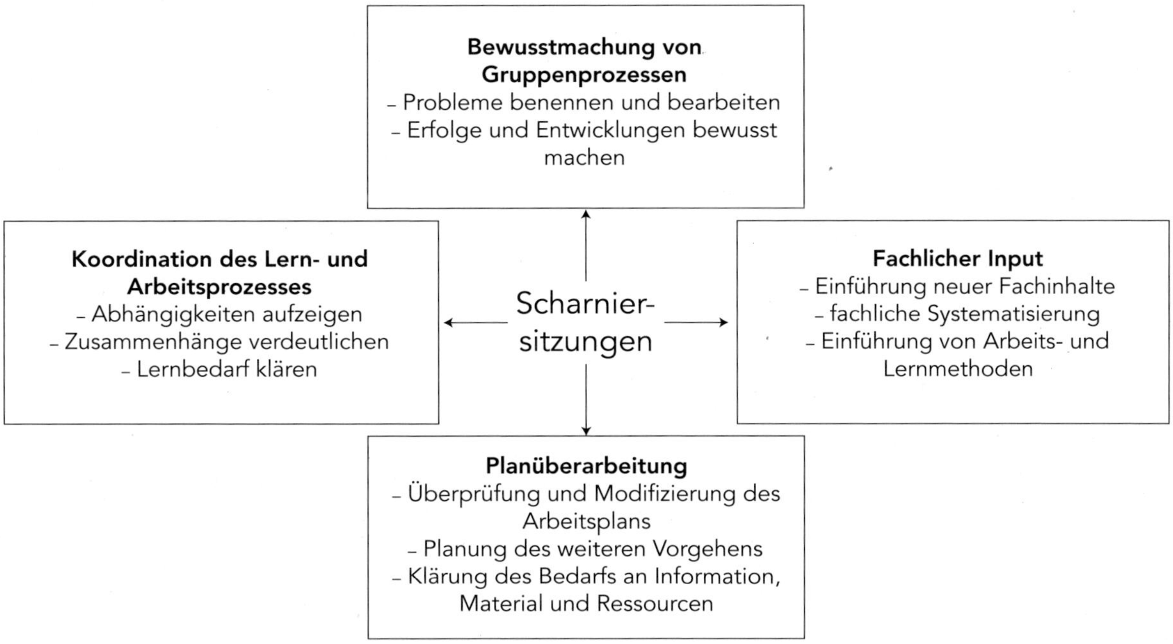

Möglicher Ablauf einer Scharniersitzung:

- Nacheinander stellen alle Arbeitsgruppen ihren Arbeitstag kurz vor. Die **Scharniersitzungsampel** (S. 54) dient dabei als Hilfe. Alternativ kann der Lehrer rechtzeitig vor der Scharniersitzung von jeder Arbeitsgruppe einen **Projektstatusbericht** (S. 53) anfordern und die Ergebnisse vorher zusammenstellen. Der Projektstatusbericht hilft gerade bei arbeitsteiligen Projekten mit hohem Anteil von Abhängigkeiten oder wenn zwischen den Projektarbeitsphasen große Zeiträume liegen, in denen nicht am Projekt gearbeitet wurde.
- Die Schüler berichten von Erfahrungen mit Aktivitäten und außerschulischen Einrichtungen.
- Die Schüler vergleichen ihre Planung (PAP) mit dem tatsächlichen Tagesablauf.
- Steht die Ampel in einem der Bereiche auf Rot, gibt der Lehrer Hilfen oder notiert sich, dass er in der nächsten Arbeitsphase zur Beratung in die Gruppe muss.
- Jede Gruppe berichtet maximal vier Minuten.
- Mitschüler können Fragen stellen oder Anregungen geben. Die Anregungen werden nicht diskutiert, die Gruppe entscheidet selbst, ob sie die Anregungen aufnimmt! **Feedbackregeln** (S. 50) helfen, ein konstruktives Miteinander einzuüben.
- Der Lehrer oder ein sozial und kommunikativ besonders kompetenter Schüler fasst den Tag zusammen. Die Leistungen der Schüler werden positiv gewürdigt.
- Mit einem Blitzlicht wird ein Eindruck des Tages oder des Projektabschnitts gegeben: **Folie Blitzlicht** (S. 55).
- Der Projektablaufplan wird falls nötig korrigiert.
- Ein Meilenstein wird „gefeiert".
- Fachliche Fragen werden geklärt und bearbeitet.
- Eventuell berichtet eine Gruppe nach vorheriger Absprache mit dem Lehrer über eine ungewöhnliche Erfahrung.
- Eine Gruppensituation wird im Rollenspiel vorgespielt und bearbeitet. Material: **Rollenspielkarten** (S. 57), **Infoblatt Rollenspiel** (S. 56), **Beobachtungsbogen Rollenspiel** (S. 58).

Unterstützung der Arbeit in Gruppen

[8] vgl. z.B. Bauer, Karl-Oswald: Teamunterricht, in: Böttcher, Wolfgang; Philipp, Elmar (Hrsg.): Mit Schülern Unterricht und Schule entwickeln, Beltz: Weinheim und Basel 2000, S. 17 ff.

Schüler müssen im Projekt wirklich zusammenarbeiten. Sie sind von der Arbeitsqualität und Arbeitsgeschwindigkeit der anderen Gruppenmitglieder abhängig.
Gruppen durchlaufen während ihrer Zusammenarbeit bestimmte Phasen[8]:

Forming-Phase:
Inhaltlich muss geklärt werden, was die Aufgabe ist. Auf der Beziehungsebene beginnt ein Rollensuchprozess innerhalb der Gruppe.

Storming-Phase:
An der Aufgabenstellung wird Kritik geübt, es regen sich Widerstände gegen die Bearbeitung. Auf der Beziehungsebene finden Kämpfe um Rollen und Rollenzuweisungen statt.

Norming-Phase:
Auf der inhaltlichen Ebene bahnen sich Lösungswege an, verschiedene Ansätze werden verhandelt. Auf der Beziehungsebene entstehen Muster, die Rollen klären sich, ein Wir-Gefühl entsteht.

Performing-Phase:
Die Gruppe arbeitet an der Lösung der Aufgabe. Die Rollenverteilung ist klar, die Muster der Konfliktlösung sind eingespielt.

Schaubild 8: Teamentwicklungsphasen. Nach:Endler, Susanne: Projektmanagement in der Schule, AOL-Verlag: Lichtenau 2003, S. 18

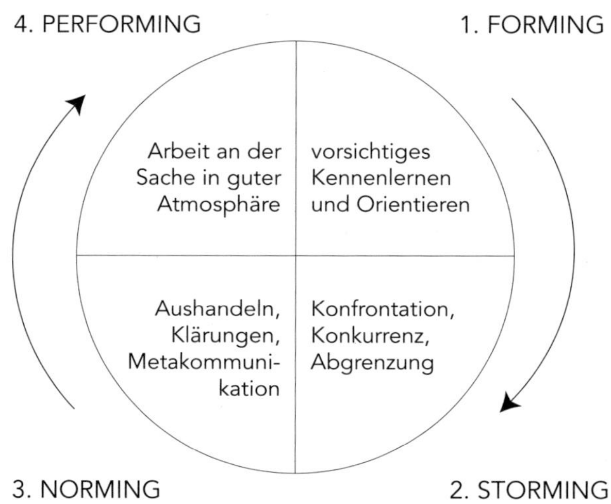

Das Wissen über diese Gruppenarbeitsphasen erleichtert uns, Schülerverhalten einzuordnen und geeignete Unterstützung zu leisten. Unzufriedenheit und Spannungen in einer Gruppe sind phasenweise normal und funktional für die Gruppenbildung, daher sollten wir als Lehrer nicht zu früh und zu häufig in diese Prozesse eingreifen. Um die Gruppe bei der Bearbeitung ihrer Probleme zu unterstützen, können Sie verschiedene Materialien einsetzen:
Vor oder bei gegebenem Anlass während der Projektarbeit kann anhand des Gedichts „Whose job is it?" erarbeitet werden, was für gelingende Gruppenarbeit wichtig ist: Nachdenken über Gruppenarbeit **Whose job is it?** (S. 31).
Das Infoblatt **Gruppenarbeitsphasen** (S. 29) macht Schülern die allgemeinen Gruppenarbeitsphasen und die verschiedenen Anforderungen der Gruppenarbeit transparent.
Mit der Arbeitshilfe **Diagnosebogen Gruppenarbeit** (S. 48) können Schüler in etwa einer Schulstunde eine gründliche Analyse ihrer Gruppenarbeit durchführen, um von da aus konkrete Beschlüsse für die weitere Zusammenarbeit in der Gruppe zu fassen.
Das **Fischgrätdiagramm** (S. 46) ist ein einfaches Analyseinstrument zur Klärung von Problemursachen. Ist das Verfahren einmal eingeführt, lässt es sich auch ohne Material schnell durchführen und hilft bei der wichtigen Frage, ob die Ursache des Problems überhaupt von den Schülern

zu beheben ist. Schüler werden hier in die Verantwortung genommen, denn wenn das Problem in ihrem Einflussbereich liegt, müssen sie es auch lösen.
Die Arbeitsvorlage **U-Prozedur** (S. 47) bietet ein kleinschrittiges Verfahren an, mit dem Schüler vom unbefriedigenden Ist-Zustand zu konkreten Verhaltensänderungen geleitet werden. Im Unterschied zum Diagnosebogen Gruppenarbeit betont dieses Instrument die Beweggründe von Verhalten und bietet so Anlass, Rollen, Rollenverteilung und Rollenzuweisungen zu reflektieren.
Die Teamarbeitsübung **Wie man Teamarbeit sicher verhindern kann** (S. 49) dient der Bewusstmachung notwendiger Teamarbeitsregeln. Durch die Umkehrung engagieren sich die Schüler viel stärker bei der Bearbeitung, verstehen aber die „Botschaft" ebenso wie bei einer positiven Formulierung. Diese Übung kann in Kleingruppen oder auch mit der ganzen Klasse vor oder während des Projekts durchgeführt werden.
Das **Tagesprotokoll Projektgruppenarbeit** (S. 45) sollte immer in ausreichender Anzahl zur Verfügung stehen, damit sie auf Anfrage der Schüler ausgegeben werden kann. Letztlich müssen die Schüler aber selbst entscheiden, ob diese Protokollform ihren Zwecken entspricht. In jedem Fall sollten längere Gruppenarbeitsphasen in irgendeiner Form für den Projektbericht protokolliert werden. An diese Aufgabe müssen Schüler immer wieder erinnert werden. Die Vervollständigung des Projektberichts ist auch immer eine Möglichkeit, eventuell entstehende Leerlaufzeiten während eines Projekts zu überbrücken.

Mit allen diesen Materialien sollen die Schüler möglichst selbstständig arbeiten und versuchen, ihre Probleme so selbst zu klären. Anlass, Schülern die Problemlöse- und Reflexionsinstrumente an die Hand zu geben, kann eine entsprechende Bewertung der Gruppenarbeit mit der Scharniersitzungsampel sein oder einfach, dass Schüler den Lehrer ansprechen und ein Problem bei der Zusammenarbeit in der Gruppe schildern.
Alle hier zur Verfügung gestellten Instrumente sind lösungsorientiert aufgebaut, es wird nicht nach Schuldigen, sondern nach Möglichkeiten besserer Zusammenarbeit gesucht. Die Lösungen der Schüler können gegebenenfalls in der nächsten Scharniersitzung vorgestellt werden, denn häufig ähneln sich die Anlässe für Spannungen in den Arbeitsgruppen.

Organisatorisches

Abmeldezettel

Um sich in der schwierigen, bisher rechtlich nicht geklärten Frage der Aufsicht während der Projektarbeit etwas abzusichern, empfiehlt es sich, Schüler, die in der Projektarbeit außerhalb der Schule tätig werden, einen **Abmeldezettel außerschulische Projektarbeit** (S. 52) ausfüllen zu lassen. So behalten Sie die Übersicht über Zweck, Dauer und Ziele der außerschulischen Aktivitäten der Schüler.

Projektausweis

Schüler müssen für ihre Projektarbeit immer wieder außerschulische Institutionen, Betriebe usw. aufsuchen und diese dann vom Sinn und der guten Absicht ihrer Anfragen überzeugen. Hierbei hilft den Schülern der Projektausweis (s. Vorlage **Projektausweis**, S. 44). Der Projektausweis stellt auch für die außerschulischen Institutionen einen Bezug zur Schule her; zum einen sehen sie so, was an der Schule alles geleistet wird, andererseits ermöglicht die Kontakttelefonnummer auch Rückfragen.

Beobachtung als Bewertungsgrundlage

Ein Projekt erstreckt sich häufig über einen langen Zeitraum, zusätzlich wird es eventuell von verschiedenen Lehrern betreut. Um am Ende des Projekts auf Notizen als Bewertungsgrundlage zurückgreifen zu können, empfiehlt sich das Kopieren des **Beobachtungsbogens für betreuende Lehrer** (S. 51). Tragen während der Projektarbeit alle betreuenden Lehrer ihre Beobachtungen ein, kann der bewertende Lehrer später auf diese Datensammlung zurückgreifen.
Da die betreuenden Lehrer diese Beobachtungsnotizen nebenher machen, hat sich die unsortierte Form bewährt. Müssten die Kollegen erst immer den entsprechenden Schüler in einer

Liste suchen und dort ihre Beobachtungen vermerken, würde das die Zahl der Beobachtungen, die am Ende zur Verfügung stünden, stark vermindern.

Ergänzendes Material

Fünf Punkte für ein gutes Interview
In vielen Projekten werden die Schüler Interviews oder Befragungen durchführen. Der Erfolg dieser Interviews hängt stark von der Vorbereitung der Schüler ab. Die **fünf Punkte für ein gutes Interview** (S. 59) geben den Schülern einen Orientierungsrahmen vor, mit dem sie sich auf ihr geplantes Interview vorbereiten können.

Einführung in die Internetrecherche
Recherche findet in jedem Projekt statt. Das Internet gehört als Informationsquelle mittlerweile zu den Standardquellen. Die Recherchekompetenz der Schüler ist jedoch eher mäßig ausgeprägt. Durch das Arbeitsblatt **Internetrecherche** (S. 60) kann die Internetrecherche auf verschiedenen Ebenen thematisiert werden.
Als Faustregel würde ich vorschlagen, in Klasse 5 und 6 einige geeignete Internetadressen für die Schüler zusammenzustellen. In Klasse 7 und 8 können die Schüler dann freie Rechercheversuche anstellen; die Ergebnisse müssen aber gemeinsam reflektiert werden, um die Schüler für die unterschiedliche Informationsqualität der Homepages zu sensibilisieren. In Klasse 9 und 10 können dann unterschiedliche Suchstrategien und Suchhilfen im Internet in ihrer jeweiligen Funktionalität erarbeitet werden.

Phase 4: Präsentation und/oder Aktion

Präsentation

Die Präsentationsphase bildet den Abschluss der inhaltlichen Arbeit des Projekts. Für die Projektpräsentation sollten die Schüler wenn irgend möglich ein echtes Publikum haben. Besonders bieten sich hier natürlich die Eltern an: Ihre Unsicherheit gegenüber dieser neuen Lernform kann so abgebaut werden, die Schüler sind stolz, gute Projektergebnisse präsentieren zu können – und bei zum Teil mäßigem Projektengagement einzelner Schüler oder Schülergruppen wird den Eltern deutlich, dass es auch andere Leistungen gibt. Vielleicht klären sie mit ihren Kindern im Gespräch dann, wie es zu diesen Leistungen kam. Als Arbeitserleichterung finden Sie im Materialteil eine Vorlage **Elternbrief, Einladung zur Projektpräsentation** (S. 66).
Können die Eltern nicht aktiviert werden, empfiehlt sich eine Präsentation vor einer anderen Klasse. Dies fördert den Austausch über Unterricht innerhalb des Kollegiums, und die Schüler erhalten Anregungen und Vergleichsmaßstäbe.

Die **Übersicht über die Präsentationsformen** (S. 61) soll Schülern die Vielfalt der Möglichkeiten vor Augen führen. Natürlich muss die Entscheidung über die Art der Präsentation recht früh fallen, denn entsprechend der Präsentationsform muss rechtzeitig Material gesammelt werden. Viele der Präsentationsformen sind natürlich kombinierbar.

Zur Vorbereitung der Präsentation können die **Sechs wichtigsten Tipps für eine gute Präsentation** (S. 62) gemeinsam an Beispielen konkretisiert werden. Im Unterschied zu vielen anderen Präsentationsmaterialien sind die Tipps hier auf sechs Grundregeln beschränkt, die kurz erklärt werden – sechs Regeln sollte sich jeder Schüler merken können.

Die **Beobachtungsaufträge zur Präsentation** (S. 63) können an verschiedene Schüler oder Schülergruppen auch mehrfach vergeben werden. So können einzelne Aspekte des Präsentierens anschließend im Unterricht anhand der Schülerbeobachtungen noch einmal aufgegriffen und vertiefend bearbeitet werden. Dabei sollte die Einschätzung der Wirkung immer auf das beobachtbare Verhalten bezogen werden – so wird Schülern die Wirkung ihrer Präsentation deutlich und die bisweilen „gefühlte Ungerechtigkeit" bei der Bewertung deutlich vermindert. Der **Beobachtungsbogen zur Präsentation** (S. 64) ist Grundlage für die Rückmeldung der Schüler an die Präsentierenden. Gleichzeitig dient er der Vorbereitung der Präsentation.

Der **Bewertungsbogen Powerpoint-Präsentation** (S. 65) kann sowohl als Grundlage der Rückmeldung als auch als Bewertungsgrundlage innerhalb und außerhalb von Projekten eingesetzt werden. Die von Ihnen ausgefüllte Spalte können Sie nach hinten falten und der Schüler kann sich im Anschluss an die Präsentation selbst einschätzen, bevor er Ihre Einschätzung einsieht. Größere Abweichungen können dann im Gespräch geklärt und gegebenenfalls verhandelt werden.

Aktion

Ist das Handlungsergebnis des Projekts eine Aktion (z. B. ein Sporttag, ein Spendenlauf, ein Schulfest), kann die Präsentation je nach Zielsetzung auch entfallen. In jedem Fall sollte die Aktion dokumentiert werden. Dies kann in Form von Fotografien, Videoaufnahmen oder auch durch das Sammeln kurzer Statements Teilnehmender und/oder Organisierender (in Schriftform, als Tonaufnahme oder als Filmaufnahme) geschehen. Finden Aktion und Präsentation statt, sollte die Aktion im Rahmen der Präsentation auch dargestellt und reflektiert werden, daher sollte die Präsentation erst nach der Aktion stattfinden.

Phase 5: Reflexion, Dokumentation, Evaluation und Bewertung

Reflexion

Die Reflexion von Lernhandlungen und Lernerlebnissen ist unverzichtbar für den Aufbau individueller Lernkompetenz. Im Projekt werden wichtige Planungs- und Lernentscheidungen von den Schülern selbst getroffen. Gerade diese Entscheidungen können Gegenstand der Reflexion werden.

Die Reflexion des Projektverlaufs, der Teamarbeit im Projekt und der veränderten Lehrer- und Schülerrolle kann Impulse für die Veränderung von Lehrgangsunterricht geben. Die Schüler können einerseits den Prozess ihrer Arbeit reflektieren und dabei eventuell feststellen, dass Fehlermachen sehr produktiv sein kann, andererseits sollten Schüler auch das Ergebnis ihres Projekts selbstkritisch beleuchten.

Die Vorlage **Projektrückschau Schüler** (S. 76) nimmt Prozess und Produkt in den Blick und liefert den Schülern vielfältige Impulse für die Reflexion des Projekts und ihres Lern- und Arbeitsverhaltens.

Die **Projektreflexion des Lehrers** (S. 74f.) ermöglicht Ihnen, in kurzer Zeit wesentliche Fragen zu reflektieren und Ihre Erkenntnisse ins nächste Projekt einfließen zu lassen.

Dokumentation

Die Dokumentation ist eine projektbegleitende Aufgabe, die nicht mehr zu bewältigen ist, wenn man sie erst am Ende oder gar nach dem Projekt beginnt. Grundsätzlich gilt: Die Dokumentation eines Projekts ist kein Selbstzweck. Ein Projekt wird dokumentiert, um es interessierten Menschen, die daran nicht teilgenommen haben, nachvollziehbar zu machen. Die Projektdokumentation stellt so einen authentischen Schreibanlass dar, der im Deutschunterricht genutzt werden sollte. Als mögliches Raster für den Inhalt der Dokumentation dient das **Inhaltsverzeichnis Projektdokumentation** (S. 41). Die Projektdokumentation muss entsprechend auf den „Nutzer" des Berichts zugeschnitten sein. Hilfen für den Leser der Dokumentation sind z. B. ein Inhaltsverzeichnis, prägnante Berichte, eine übersichtliche Gestaltung und erläuterte Materialien (Bildunterschriften). Um adressatenorientiertes Schreiben zu thematisieren und zu üben, können im Deutschunterricht verschiedene Ausgaben einer Projektdokumentation verfasst werden: z. B. eine für Schüler, eine für Eltern und eine für Lehrer.

Evaluation

Um Rückmeldung über die eigene Arbeit zu erhalten und um sich systematisch weiterzuentwickeln, evaluieren Schulen verschiedene Prozesse und Ergebnisse schulischer Arbeit. Da Projektunterricht in vielen Fällen nicht Teil der Ausbildung unterrichtender Lehrer war, ist die Evaluation von Projekten besonders wichtig. In vielen Bundesländern gehören Projekte mittlerweile zur Unterrichtsverpflichtung der Schule. Evaluation von Projekten ermöglicht eine vergleichende Sicht auf die Projektarbeit und schafft damit die Grundlage für einen Austausch im Kollegium über die Frage, was ein gutes Projekt ist. Dieser Austausch ist wiederum die Grundlage für eine vergleichbare Leistungsbeurteilung von Schülerergebnissen in Projekten über Klassen hinweg. Um eine „belastbare" Einschätzung des Projekts zu erhalten, sollte das Projekt aus mehreren Perspektiven betrachtet werden. Die Evaluationsinstrumente sind bewusst kurz gehalten, die Auswertung soll mit überschaubarem Aufwand möglich bleiben. Da Evaluation für Lehrer eine „nebenher zu erledigende" Aufgabe darstellt, muss unbedingt das Verhältnis von Aufwand und zu erwartender Erkenntnis durch die Evaluation bedacht werden.

Die Vorlage **Projektevaluation Eltern** (S. 72) bietet ein Instrument zur Evaluation der Elternsicht auf das Projekt.

Die Vorlage **Projektevaluation Schüler** (S. 71) ist das Instrument zur Befragung der Schüler. Enthalten sind Fragen zur Wahrnehmung der Projektbedingungen (Transparenz der Anforderungen, Lehrerrolle) und zum Projektprodukt.
Waren mehrere Kollegen in ein Projekt involviert, kann mit der Vorlage **Projektevaluation Lehrer** (S. 73) diese Sicht aufs Projekt objektiviert werden.

Bewertung

Je nachdem, welchen Zweck das Projekt im Unterricht erfüllt, kann es bewertet werden. Eine umfangreiche Bewertung anhand eines Kriterienbogens können Sie mit Hilfe der Vorlage **Bewertungsbogen Projektarbeit** (S. 69f.) durchführen. Gerade in die Gruppenarbeitsprozesse haben Sie während der Projektarbeit weniger Einblick. Bei Unsicherheit sollten Sie auf die Selbst- und Fremdeinschätzung durch die Schüler zurückgreifen: **Teamarbeit – Selbst- und Fremdeinschätzung** (S. 68). Diese Vorlage dient aber hauptsächlich der Abgleichung von Selbst- und Fremdwahrnehmung hinsichtlich der Teamfähigkeit der Schüler. Zurückgreifen können Sie bei der Beurteilung auch auf die gesammelten Beobachtungen der betreuenden Lehrer: **Beobachtungsbogen für betreuende Lehrer** (S. 51).

Eine verbale Beurteilung der Projektarbeit ist eine gute Möglichkeit der Rückmeldung über besondere Auffälligkeiten in Bezug auf die Projektarbeit des jeweiligen Schülers. In manchen Bundesländern ist die verbale Beurteilung einzelner Projekte Pflicht. Hier hilft Ihnen ein Raster mit möglichen Aspekten der verbalen Beurteilung zusammen mit zwei Beispieltexten: **Verbale Beurteilungen verfassen** (S. 67).

Literaturtipps

- Apel, Hans Jürgen; Knoll, Michael: Aus Projekten lernen. Grundlegung und Anregungen, Oldenbourg: München 2001.
- Bastian, Johannes; Gudjons, Herbert u. a. (Hg.): Theorie des Projektunterrichts, Bergmann und Helbig: Hamburg 1997.
- Bastian, Johannes; Gudjons, Herbert (Hg.): Das Projektbuch. Bd. 2, Über die Projektwoche hinaus. Projektlernen im Fachunterricht, Bergmann und Helbig: Hamburg 1998.
- Boy, Jacques; Dudek, Christian; Kuschel, Sabine: Projektmanagement. Grundlagen, Methoden und Techniken, Zusammenhänge, Gabal Verlag: Offenbach 2003[11].
- Emer, Wolfgang; Lenzen, Klaus-Dieter: Projektunterricht gestalten – Schule verändern, Schneider Verlag: Hohengehren 2002.
- Endler: Susanne: Projektmanagement in der Schule. Projekte erfolgreich planen und gestalten, AOL Verlag: Lichtenau 2003.
- Frey, Karl: Die Projektmethode, Beltz: Weinheim 1998[8].
- Hänsel, Dagmar (Hrsg.): Handbuch Projektunterricht, Beltz: Weinheim 1999[2]
- Sievers, Thomas (Hg.) u. a.: Fachprojekte für die Sekundarstufe 1.
34 Beispiele erprobter fächerübergreifender Projekte, Westermann: Braunschweig 2003.

Projektleitfaden für Schüler

Lieber Schüler,
das Projekt ist für dich wahrscheinlich eine neue Arbeits- und Unterrichtsform. Dieser Leitfaden beantwortet dir die wichtigsten Fragen im Überblick.

1. Was ist ein Projekt?

Ein Projekt ist eine Lernform, bei der eine bestimmte Aufgabenstellung innerhalb einer vorgegebenen Zeit bearbeitet wird. Der Lösungsweg bzw. die einzelnen Teilschritte müssen selbstständig geplant und durchgeführt werden. Bei vielen Projekten wird die Arbeit auf verschiedene Arbeitsgruppen verteilt.
Die Projektarbeit wird dokumentiert und am Ende wird das Ergebnis des Projektes präsentiert. Vor der Präsentation versucht man noch, aus eigenen Fehlern zu lernen, und überlegt, was man das nächste Mal besser machen kann.

2. Warum soll ich die Projektmethode lernen?

Die Projektmethode ist eine Lernform, in der du eigenständig arbeiten kannst. Während sonst meist ein Lehrer plant, wie und was du lernst, kannst du dir hier selbst einen Arbeitsplan aufstellen, merkst selbst, wenn du Fehler machst, und kannst daraus lernen.
In der Arbeitswelt wird mittlerweile viel in Projekten gearbeitet. Viele Aufgaben sind heute so kompliziert, dass ein Einziger sie nicht bewältigen kann. Für bestimmte Aufgaben werden dann Projektteams gebildet, die innerhalb einer bestimmten Zeit gemeinsam ein Problem lösen müssen. Jeder bringt hierbei sein Fachwissen und seine Fähigkeiten in die Arbeit ein. Damit ein Projekt funktioniert, müssen sehr genaue Absprachen darüber getroffen werden, *wer was mit wem in welcher Zeit wie tut*. Nur wenn sich jeder an die Projektplanung hält, kann das Problem erfolgreich gelöst werden.
Die Arbeit an schulischen Projekten bereitet dich also sehr gezielt auf die Anforderungen im Beruf vor. Gleichzeitig lernst du so auch, wie du große Arbeitsaufgaben unterteilen und nach und nach abarbeiten kannst – so verliert auch die größte Arbeit ihren Schrecken!

3. Wie läuft ein Projekt ab?

Projektphasen	allgemeine Leitfragen
1. **Problem-/Themenfindung**	• Welches Thema möchte ich bearbeiten? • Welche Teilgebiete gibt es bei diesem Thema? • Was ist mein Vorhaben? • Was gehört alles zu diesem Vorhaben? • Was ist das Problem (genaue Problembeschreibung)? • Welche Schüler bilden gemeinsam Gruppen?
2. **Projektplanung: Entwicklung eines Lösungsplans/Arbeitsplans**	• Welche einzelnen Themengebiete muss ich bearbeiten? • Wie muss ich vorgehen um dieses Themengebiet zu erarbeiten? • Welche Teilschritte muss ich genau durchführen? • Entwicklung eines Zeit- und Arbeitsplans • Klärung der Regeln für die Zusammenarbeit in der Gruppe
3. **Projektdurchführung: Arbeit am Projekt/ Erledigung der einzelnen Aufgaben**	• Lösen der einzelnen Teilaufgaben/ Teilprobleme • Erarbeiten der Teilthemen • Arbeitsstand immer wieder mit dem Zeit- und Arbeitsplan vergleichen • Ständig die Projektdokumentation auf dem Laufenden halten und ergänzen
4. **Präsentation**	• Das Projekt wird vorgestellt: Dabei werden alle Phasen (der Arbeitsverlauf/ die Projektphasen) kurz und das Ergebnis des Projekts ausführlich präsentiert.
5. **Reflexion**	• Was hat gut geklappt? • Was kann am Ergebnis noch verbessert werden? • Was könnte am Vorgehen (Lösungsweg) das nächste Mal verbessert werden? • Wie hat die Gruppenarbeit funktioniert?
6. **Projektdokumentation abschließen**	• In der Projektdokumentation werden die einzelnen Phasen dokumentiert. • Für jede Phase wird aufgeschrieben, was geplant war und was tatsächlich passiert ist. • Auch die Überlegungen, was gut und was nicht so gut gelaufen ist, gehören in die Dokumentation.

4. Was muss ich in den einzelnen Projektphasen berücksichtigen?

1. Themenstellung/Problembeschreibung

- Wenn du dir ein Thema suchst, sollte dich das Thema so interessieren, dass du bereit bist, eine Weile daran zu arbeiten. Du solltest dich einer Arbeitsgruppe zuordnen, weil dich die Arbeit interessiert, nicht weil in der Arbeitsgruppe deine Freunde sind.
- Ihr müsst das Thema genau formulieren und darauf achten, dass ihr es auch in der gegebenen Zeit bearbeiten könnt.
- Wenn ihr im Projekt ein Problem lösen sollt, dann ist es in dieser Phase ganz wichtig, das Problem genau zu beschreiben.

2. Projektplanung – Entwicklung eines Lösungsplans

- Ihr müsst zunächst herausfinden, welche Teilthemen euer Thema hat. (Welche Teilprobleme hat das gestellte Problem?) Oft eignet sich hier ein Mind-Map als Arbeitsmethode.
- Nun müsst ihr den Zeitbedarf einschätzen – wie viel Zeit braucht ihr zum Erarbeiten dieses Teilgebiets (Informationen sammeln, Informationen auswerten, zusammenfassen, Vorbereiten der Präsentation ...)?
- Was braucht ihr zur Problemlösung/Themenbearbeitung an
  - o Material und
  - o Informationen?
- Welche Ansprechpartner braucht ihr?
- Klärt gemeinsam, welche Regeln für euch in der Gruppe gelten sollen. Bestimmt ein Gruppenmitglied, das darauf achtet, ob diese Regeln eingehalten werden.

Für die Planungsphase gibt es zwei „Werkzeuge", die euch helfen gut zu planen:

Der Projektstrukturplan (PSP):

Der PSP ist eine **Zusammenstellung aller Aufgaben, die erledigt werden müssen**, damit das Projekt erfolgreich verläuft. Um einen guten PSP zu erstellen müsst ihr also genau überlegen, was vom Beginn bis zum erfolgreichen Ende des Projekts alles passieren muss. Im PSP legt man noch nicht fest, wer was wann tut.

Der Projektablaufplan (PAP):

Im PAP wird nun **genau festgelegt, wer was wann tut**. Die Arbeiten, möglichst ganze Arbeitspakete, werden auf die zur Verfügung stehende Zeit verteilt. Ganz wichtig: Höchstens 2/3 der Zeit verplanen – oft kommt etwas dazwischen, klappt nicht so, wie es soll ...

3. Arbeit am Projekt/Erledigung der Teilaufgaben

- Nun bearbeitet ihr entsprechend eurem Zeit- und Arbeitsplan die Aufgaben.
  - Hierzu gehört die Planungsarbeit,
  - die Durchführungsarbeit
  - und die Vorbereitung der Präsentation.
- Am Ende eines Projekttages überprüft ihr gemeinsam, ob ihr noch „im Zeitplan liegt" – wenn nicht, müsst ihr umplanen.
- Wenn ihr später eine gute Projektdokumentation anfertigen wollt, braucht ihr Material: Macht Fotos einzelner Arbeitsschritte, macht auch Notizen, auf die ihr später zurückgreifen könnt.

4. Präsentation des Projekts

- Die Präsentation hat den Zweck, den Zuhörern das Projektergebnis darzustellen.
- Die Präsentation erfolgt mündlich und frei (Stichwortzettel sind erlaubt).
- Zur Präsentation könnt ihr verschiedene Medien verwenden:
  - Overheadfolien (mit Stichwörtern, Bildern, Grafiken, Zeitungsausschnitten …)
  - Ein Präsentationsplakat
  - Eine Powerpoint-Präsentation (nur die Überschriften auf die Folien, den eigentlichen Inhalt zu den Überschriften sollt ihr frei vortragen)

5. Reflexion des Projekts (Nachdenken über das Projekt)

- Wie gut war unsere Themenwahl?
- Wie gut haben wir den Zeit- und Arbeitsplan gemacht?
- Hat das Arbeiten so geklappt wie geplant? (Wenn nein – warum nicht?)
- Haben wir unsere Präsentation gut vorbereitet?
- Waren die Präsentationsmedien (Folien, Powerpoint-Präsentation usw.) anschaulich und übersichtlich?
- Wie hat das Präsentieren geklappt?
- Was können wir das nächste Mal besser machen?
- Wie haben wir in der Gruppe zusammengearbeitet?
- Woran lag es, wenn die Zusammenarbeit in der Gruppe nicht funktioniert hat?

6. Projektdokumentation

- Das Projekt wird mit einem schriftlichen Projektbericht dargestellt.
- Der Projektbericht wird in einer Projektmappe zusammengestellt (Schnellhefter o. Ä.)
- Der Projektbericht enthält:
  - Deckblatt (Name des Schülers, Telefonnummer des Schülers, Klasse, Schuljahr, Thema des Projekts, evtl. ein Bild)
  - Texte zu jeder Projektphase
  - In den Texten beschreibst du für jede Projektphase, wie du vorgegangen bist und was das Ergebnis der Projektphase war.

5. Bewertung des Projekts

Dein betreuender Lehrer schaut sich deine Projektdokumentation unter folgenden Kriterien an:

1. Projektidee:

- Ist das Ziel/Thema beschrieben?
- Sind die Teilthemen genau beschrieben?

2. Projektplanung:

- Hast du eine Aufgabenverteilung vorgenommen?
- Hast du die Zeit sinnvoll eingeteilt?

3. Projektdurchführung:

- Hast du die einzelnen Arbeitsschritte sorgfältig durchgeführt?
- Wie war deine Zusammenarbeit mit anderen Schülern?
- Hast du deinen Zeit- und Arbeitsplan eingehalten?
- Wie gut ist dein Projektergebnis?

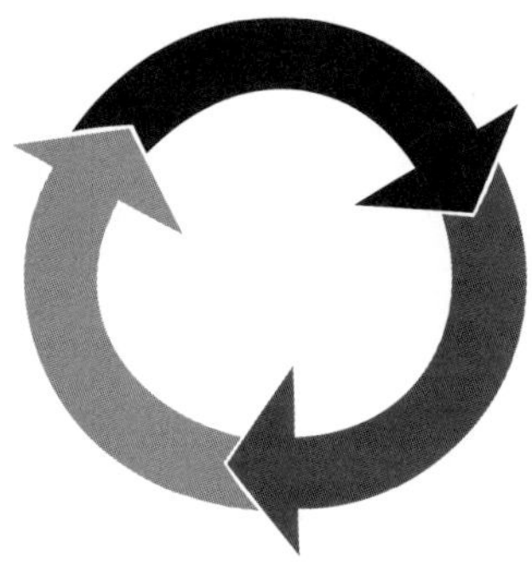

4. Projektpräsentation:

- Hast du frei präsentiert?
- Waren die Präsentationsmedien gut gestaltet, gut verständlich und übersichtlich?

5. Rückblick:

- Hast du über den Projektverlauf nachgedacht und aus eventuellen Fehlern und Misserfolgen Schlüsse für zukünftige Projekte gezogen?

6. Projektdokumentation:

- Hast du alle Phasen deines Projekts beschrieben?
- Kann man aus deinem Projektbericht entnehmen, welche Erfahrungen du gemacht hast?
- Kann man entnehmen, was du das nächste Mal anders machen würdest?
- Wie ist die Projektmappe gestaltet?
  - übersichtlich?
  - anschaulich?
  - formal ordentlich (Rechtschreibung…)?

Projektphase	allgemeine Leitfragen	Leitfragen für dieses Projekt
1. **Problem-/Themenfindung**	• Was ist unser Thema? • Welche Teilgebiete gibt es bei diesem Thema? • Was ist unser Vorhaben? • Was gehört alles zu diesem Vorhaben? • Was ist das Problem (die genaue Problembeschreibung)? • Wer arbeitet in unserer Gruppe mit?	

2. **Projektplanung Entwicklung eines Lösungsplans/Arbeitsplans**	• Welche einzelnen Themengebiete müssen wir bearbeiten? • Wie müssen wir vorgehen um dieses Themengebiet zu erarbeiten? • Welche Teilschritte müssen wir genau durchführen? • Entwicklung eines Zeit- und Arbeitsplans • Welche Arbeiten werden besser nicht von der ganzen Gruppe bearbeitet? • Wie können wir diese Arbeit aufteilen?	
3. **Arbeit am Projekt/ Erledigung der einzelnen Aufgaben**	• Lösen der einzelnen Teilaufgaben/Teilprobleme • Erarbeiten der Teilthemen • Arbeitsstand immer wieder mit dem Zeit- und Arbeitsplan vergleichen	
4. **Präsentation**	• Das Projekt wird vorgestellt: Dabei werden alle Phasen kurz (der Arbeitsverlauf/die Projektphasen) und das Ergebnis des Projekts ausführlich präsentiert. • Wer bereitet welche Teile der Präsentation vor? • Wer bereitet die nötigen Medien und Materialien vor? • Wer präsentiert welchen Teil?	
5. **Reflexion**	• Was hat gut geklappt? • Was kann am Ergebnis noch verbessert werden? • Was könnte am Vorgehen (Lösungsweg) das nächste Mal verbessert werden?	
6. **Projektdokumentation erarbeiten**	• In der Projektdokumentation werden die einzelnen Phasen dokumentiert. • Für jede Phase wird aufgeschrieben, was geplant war und was tatsächlich passiert ist. • Auch die Überlegungen, was gut und was nicht so gut gelaufen ist, gehören in die Dokumentation.	

Materialüberblick

MATERIALIEN ZUR EINFÜHRUNG UND EINÜBUNG VON GRUPPENARBEIT

- Infoblatt Gruppenarbeitsphasen S. 29
- Infoblatt Arbeitsteilige Gruppenarbeit S. 30
- Nachdenken über Gruppenarbeit: Whose job is it? S. 31
- Protokollblatt für die Gruppenarbeit S. 32
- Fahrplan für die Gruppenarbeit S. 33

PROJEKTBEZOGENE MATERIALIEN

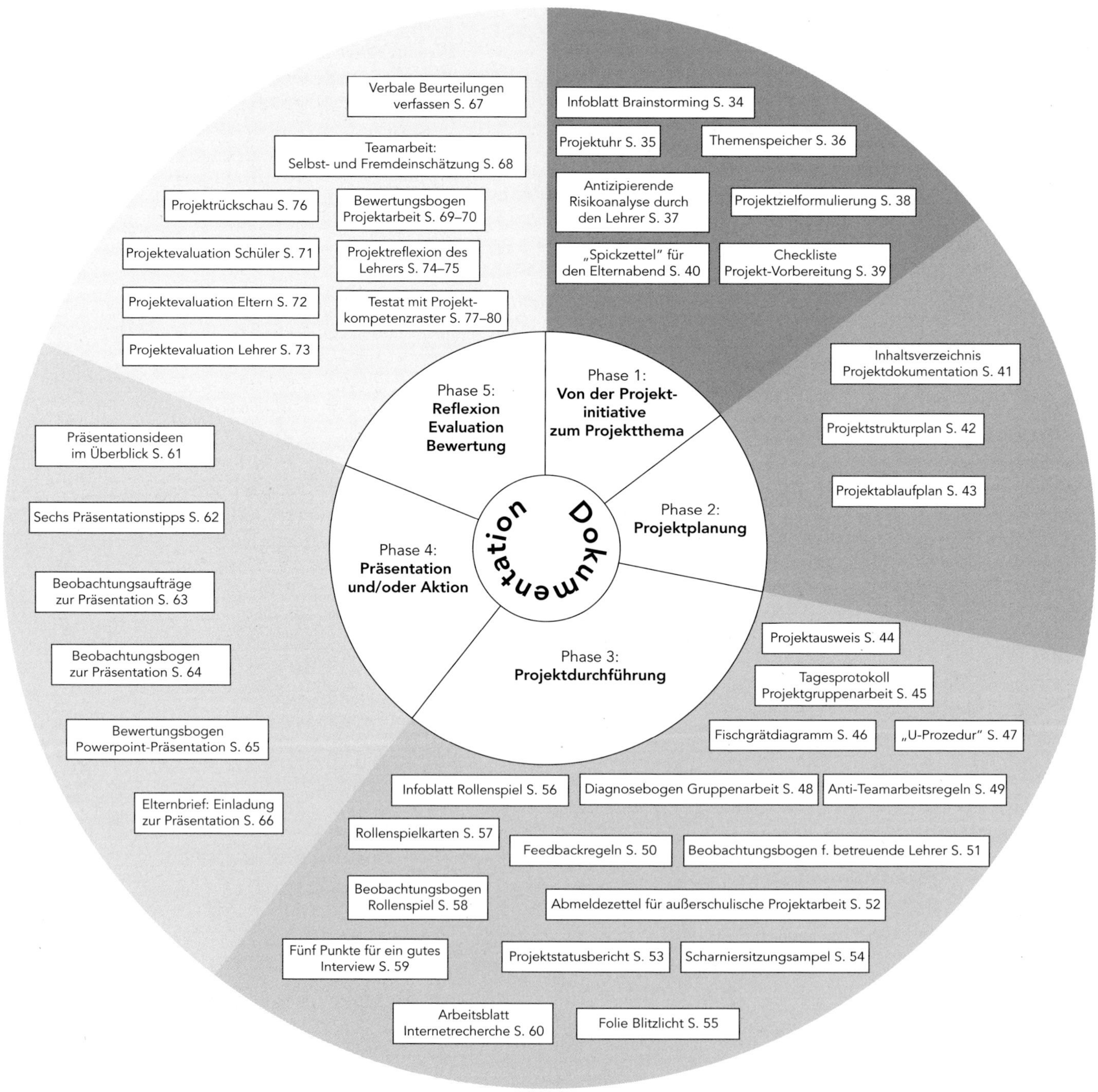

Bei der Gruppenarbeit spielt die Sache, die zu bearbeiten ist, natürlich eine wichtige Rolle, aber auch die Menschen und ihr Verhalten in der Gruppe sind wichtig für die Gruppenarbeit. Damit Gruppenarbeit funktioniert, müssen sich die Gruppenmitglieder auf der inhaltlichen Ebene einigen, und sie müssen auf der menschlichen Ebene einen Weg finden zusammenzuarbeiten. In der Tabelle sind verschiedene Fragen und Probleme angesprochen, die Gruppen in der Gruppenarbeit bewältigen müssen.

Phase der Gruppenarbeit	**Sachebene:** Was passiert in Bezug auf die Aufgabe, die zu bearbeiten ist?	**Zwischenmenschliche Ebene:** Was passiert menschlich zwischen den Gruppenmitgliedern?
Orientierungsphase	• Die Gruppe muss sich über das Thema verständigen. • Es muss geklärt werden, was das Ziel der Gruppenarbeit sein soll. • In welche kleineren Teilziele lässt sich die Aufgabe unterteilen? • Wie können die Teilziele erreicht werden?	• Wie verhalten sich die einzelnen Gruppenmitglieder? • Wie stark beteiligen sie sich? • Wer versucht welche Rolle einzunehmen (Lenkung der Gruppe ...)? • Wer ist bereit, auch eine andere Rolle zu übernehmen, und wer ist nicht bereit dazu?
Konfrontation und Konflikt oder **Kooperation und Kompromiss**	• Kann sich die Gruppe auf eine gemeinsame Vorgehensweise einigen? • Kann sich die Gruppe auf eine Themenformulierung einigen? • Kann die Gruppe sich auf eine Arbeitsteilung einigen, bei der die einzelnen Teilziele aufgeteilt werden oder die Gruppe einen Zeitplan erstellt, wie sie gemeinsam die einzelnen Teilziele bearbeitet?	• Geht die Rollenverteilung auf? • Bestehen einzelne Gruppenmitglieder darauf, bestimmte Rollen zu übernehmen, oder sind sie auch bereit, sich einzufügen? • Kommt es zur Parteienbildung innerhalb der Gruppen oder kommen alle miteinander zurecht? • Findet die Gruppe einen Weg um Konflikte zu lösen?

Je nachdem, ob die Gruppe die Probleme auf der Sachebene **und** auf der zwischenmenschlichen Ebene bewältigt:

Erfolg **Misserfolg**

Was ist arbeitsteilige Gruppenarbeit?

Bei einem umfangreichen Thema könnt ihr euch die Arbeit aufteilen. Dabei erhält jede Schülergruppe anderes Arbeitsmaterial und erarbeitet einen anderen Anteil des Stoffgebiets.
Dieses Vorgehen hat den Vorteil, dass ein Thema schneller bearbeitet werden kann.

Zunächst erhaltet ihr also nicht alle nötigen Informationen zum ganzen Themengebiet. Da jede Gruppe einen Teil des Themas erarbeitet, ist es sehr wichtig, dass ihr zu eurem Teilthema eine gute Präsentation vorbereitet. Nur so bekommen alle Mitschüler alle notwendigen Informationen. Ihr seid dafür verantwortlich, dass euer Thema bei euren Mitschülern gut „ankommt". Wenn alle Gruppen so denken, fügt sich das Thema wie ein Puzzle zusammen.
Diese Arbeitsform ist für euch abwechslungsreicher, weil ihr in der Gruppe arbeiten könnt. Und anschließend präsentieren verschiedene Mitschüler etwas, nicht immer nur euer Lehrer.

Wie läuft arbeitsteilige Gruppenarbeit ab?

1. Die Gruppen werden gebildet.

2. Ihr bekommt ein Teilthema und einen ganz bestimmten Arbeitsauftrag.

3. Legt jetzt in eurer Gruppe fest, wer welche Aufgabe übernimmt: Wer ist
   - Zeitwächter,
   - Gesprächsleiter,
   - Fahrplanüberwacher,
   - wer präsentiert?

4. Jetzt bearbeitet ihr eure Aufgabe.
   - Fragt euch gegenseitig, wenn etwas unklar ist.
   - Erklärt euch mündlich die Ergebnisse.
   - Bereitet eure Präsentation vor und präsentiert euch zur Übung gegenseitig die Ergebnisse.

5. Jetzt präsentieren nacheinander alle Gruppen ihre Ergebnisse.

6. Ihr müsst euch hierbei Notizen zu den Ergebnissen der anderen Gruppen machen.

Whose job is it?

This is a story about four people
named Everybody, Somebody,
Anybody and Nobody.

This was an important job to be done
and Everybody was asked to do it.
Everybody was sure Somebody would do it.

Anybody could have done it, but Nobody did it.
Somebody got angry about that, because it
was Everybody`s job.

Everybody thought Anybody could do it.
But Nobody realized that Everybody wouldn`t do it.

It ended up that Everybody blamed Somebody
when
Nobody did what Anybody could have done.

(Verfasser: Unbekannt)

Protokollblatt für die Gruppenarbeit

Datum der Gruppenarbeit	Rollenverteilung				Zeit- und Arbeitsplan
	Zeitwächter	Gesprächsleiter	Fahrplanüberwacher	Präsentierender	

Gruppenarbeit funktioniert besser, wenn man in der Gruppe einige Aufgaben aufteilt und so jeder mit dafür verantwortlich ist, dass die Gruppenarbeit funktioniert.

1. Der **Zeitwächter** achtet darauf, dass die Gruppe sich einen klaren Zeitplan aufstellt, und er achtet darauf, dass dieser Zeitplan eingehalten wird.
2. Der **Gesprächsleiter** achtet darauf, dass nicht immer nur ein Schüler redet und alle anderen nicht zu Wort kommen. Alle Schüler sollen in der Gruppe gleichberechtigt mitreden können. Der Gesprächsleiter achtet auch darauf, dass die anderen nicht vom Thema abschweifen.
3. Der **Fahrplanüberwacher** sorgt dafür, dass der Fahrplan (siehe unten) bei der Gruppenarbeit eingehalten wird.
4. Die **Ergebnisse** einer Gruppenarbeit müssen immer mindestens zwei Schüler gemeinsam **präsentieren**. Wer präsentiert, legt man am besten erst am Schluss fest. (Legt man das schon am Anfang fest, kann es passieren, dass die anderen denken „Ach, ich muss ja nicht präsentieren, da ist es mir auch nicht so wichtig, was bei der Gruppenarbeit rauskommt.")

Diese Rollen sollten bei Gruppenarbeiten immer durchgewechselt werden!

Fahrplan

Planungsphase	Funktionen verteilt? (Zeitwächter, Gesprächsleiter, Fahrplanüberwacher, Präsentierende?)	○
	Aufgabenstellung geklärt? (Was sollen wir tun?)	○
	Vorgehensweise besprochen?	○
	Zeitbedarf geschätzt und Zeitplan erstellt? (Wie viel Zeit brauchen wir zum Erarbeiten des Themas und wie viel zum Vorbereiten der Präsentation, wie viel Zeit haben wir?)	○
Durchführungsphase	Wird die Arbeit zügig erledigt?	○
	Helfen sich alle untereinander?	○
	Wird gelegentlich der Arbeitsstand überprüft?	○
	Wird die Präsentation rechtzeitig vorbereitet?	○
Auswertungsphase	Wie gut waren unsere Arbeitsergebnisse?	Notiere auf der Rückseite des Blatts!
	Wie war unsere Zusammenarbeit?	
	Was können wir bei der nächsten Gruppenarbeit verbessern?	

Brainstorming

„Brainstorming[1] heißt wörtlich übersetzt das „Gehirn durchstürmen". Klar: Je weniger der Sturm gebremst wird, umso größere Kraft und Wirkung kann er entfalten.

Alles, was die Produktion von Ideen (auch ungewöhnlichen Ideen) befördert, ist beim Brainstorming erwünscht. Alles was das Äußern oder Entstehen neuer Ideen verhindert, ist streng verboten:

Erwünscht:

- möglichst viele Ideen
- fantasieren
- Humor
- Ideen weiterspinnen, Ideen kombinieren
- ungewöhnliche Kombinationen erfinden
- Ideen gegen den Strich denken

Verboten:

- Bewertungen von geäußerten Ideen – auch positive Bewertungen
- Killerphrasen: „Das ist ja ganz toll, aber …
- Diskussionen über einzelne Äußerungen oder über das Brainstorming-Verfahren

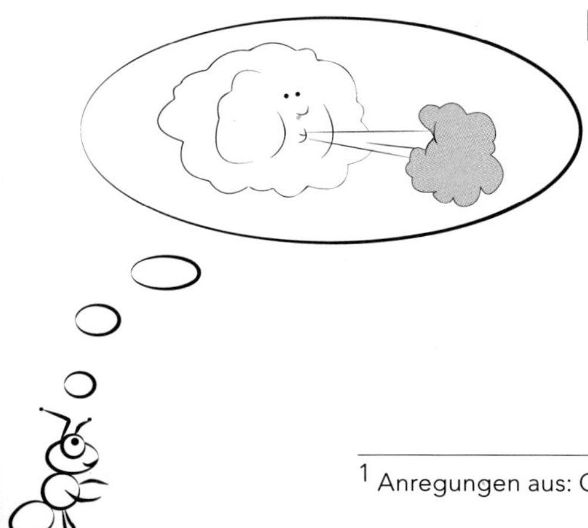

[1] Anregungen aus: Clark, Charles: Brainstorming: How to create successful ideas, Wilshire Book Company, 1989.

Initiative &
Zieldefinition
Reflexion
(Bewertung)
Planung
Dokumentation
Aktion/
Präsentation
Durchführung

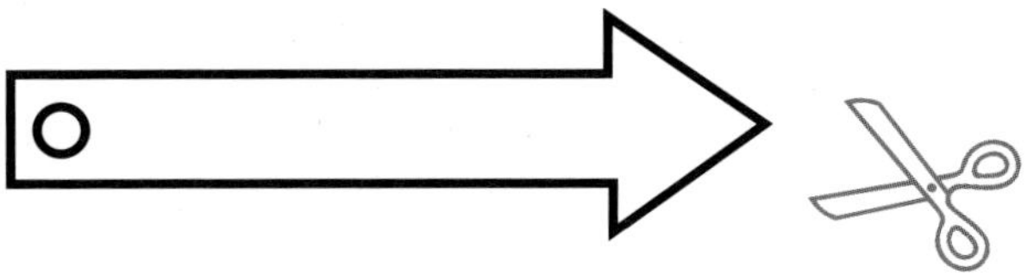

Themenspeicher der Klasse ______

Schuljahr __________

Hier kann jeder Fragen zu Unterrichtsthemen aufschreiben, die während des Unterrichts nicht ausreichend beantwortet werden konnten.

Außerdem könnt ihr hier jede fachliche Frage hinschreiben, die euch interessiert.

- ____________________
- ____________________
- ____________________
- ____________________
- ____________________
- ____________________
- ____________________
- ____________________
- ____________________

Risiken	Hilfsfragen	Notizen
Zeitrisiken	• Ist das Vorhaben in der zur Verfügung stehenden Zeit zu leisten? Kann eventuell noch zusätzliche Zeit aufgebracht werden? • Ist für das Projekt zeitlich unkalkulierbarer Schriftverkehr unabdingbar notwendig?	
Prozessrisiken	• Welche einzelnen Aktivitäten sind in ihrer Abfolge für den Weitergang des Projekts unverzichtbar. • Von welchen Aktivitäten und Zwischenergebnissen ist der Fortgang des Projekts abhängig? • Bestehen innerhalb der Projektgruppe große unbearbeitete Spannungen, die die Projektarbeit stark behindern könnten?	
Mangelnde Unterstützung innerhalb der Schule	• Kann oder möchte die Schulleitung das Projekt nicht unterstützen (z. B. aus organisatorischen Gründen oder wegen hohem Krankenstand)? • Besteht die Gefahr, dass Kollegen, deren fachliche Unterstützung Sie benötigen, das Unternehmen nicht unterstützen?	
Mangelnde außerschulische Unterstützung	• Ist die einzubeziehende Behörde, Institution oder Firma bekanntermaßen überlastet oder z. B. aufgrund schlechter Erfahrungen nicht erpicht auf Zusammenarbeit?	
Kapazitätsrisiken	• Fehlen räumliche, mediale, materielle Kapazitäten, ohne die das Projekt nicht durchführbar ist? • Gibt es eine Möglichkeit, diese Kapazitäten zu erweitern?	
Kompetenzrisiken	• Erfordert die Arbeit an diesem Projekt zu viele Kompetenzen, die die Schüler noch nicht erworben haben (fachlich, kommunikativ, sozial, methodisch)?	

Überlegen Sie für jedes Risiko:
- Was ist das „worst-case-Szenario"?
- Kann das Projekt trotzdem stattfinden?
- Wie kann ich das Risiko abfedern?

Die Formulierung eines Projektziels sollte drei Fragen beantworten:

1. Was soll am Ende des Projekts erreicht werden?
2. Welchen Umfang hat das Produkt/die Aktion?
3. Was ist der zeitliche Rahmen?

Aufgabe: Formuliere die folgenden Projektziele so, dass sie klarer werden.

1. Wir wollen ein Turnfest organisieren

____

____

2. Wir organisieren einen Nachmittag im Altenheim

____

____

3. Wir bauen eine Wetterstation

____

____

4. Wir machen ein Projekt fairer Handel

____

____

Lösungsvorschläge:

1. Alle achten Klassen organisieren ein eintägiges Turnfest für alle Fünftklässler, das noch vor den Sommerferien stattfindet.
2. Wir veranstalten als Klasse im September einen Musik-, Tanz- und Kaffeenachmittag für alle über 70-jährigen Senioren aus Ladenburg, die teilnehmen möchten.
3. Die Klasse 7a baut im Verlauf dieses Schuljahrs in Technik und Erdkunde eine Wetterstation für die Albert-Schweitzer-Realschule. Die Wetterstation soll auf dem Schulgelände errichtet werden und alles enthalten, was zur Messung und Dokumentation des Wetters nötig ist.
4. Die Klasse 8c erarbeitet im Laufe der nächsten 6 Unterrichtswochen in den Fächern Deutsch und EWG das Thema fairer Handel. Ziel ist die Erstellung einer möglichst anschauliche Präsentation, die auf Schulfesten für den fairen Handel werben soll.

	Erledigt am:
Risikoanalyse	
Themenübersicht	
Projektmerkmale (vgl. Schaubild 3, S. 5)	
Zu möglichen Projektthemen thematische Landkarten oder Mind-Maps erstellt?	
Themengebiet 1:	
Themengebiet 2:	
Themengebiet 3:	
Themengebiet 4:	
Beteiligte informieren	
Schulleitung informiert?	
Einbezogene Kollegen informiert?	
Schüler über den Zeitrahmen informiert?	
Eltern über die Projektarbeit informiert?	
Materialbedarfsplanung	
Bücher und Zeitschriften zusammengestellt (Projekthandapparat)?	
www-Adressenliste zur gezielten Recherche zusammengestellt?	
Basistexte für alle kopiert?	
Medien organisiert?	
Raumfragen soweit schon möglich geklärt?	
Arbeitsmaterial kopieren	
Beobachtungsbogen für betreuende Lehrer (S. 51)	
Tagesprotokoll Projektgruppenarbeit (S. 45)	
Projektuhr (S. 35)	
Projektstatusbericht (S. 53)	
Diagnosebogen Gruppenarbeit (S. 48)	
Abmeldezettel (S. 52)	
Außerschulische Partner	
Kontakte mit außerschulischen Partnern aufgenommen? (falls lange im Voraus zu planen)	

„Spickzettel" für Elternabend oder Elternbrief

mögliche Elternfragen	argumentative Hilfen
Warum sollen Schüler in Projekten lernen?	• Die Bildungspläne fordern Projektlernen. • Projektarbeit bereitet auf die Anforderungen der Arbeitswelt vor: Komplexe Arbeitsprozesse sind nicht mehr von Einzelnen leistbar. • In Projekten werden fachliche, kommunikative, soziale und personale Kompetenzen eingeübt und erlernt.
Wie läuft ein Projekt ab?	• Geben Sie einen Überblick über die Projektphasen. • Verdeutlichen Sie, dass die Schüler das Projekt planen und daher Planänderungen im Projekt zu erwarten und ganz normal sind.
Wie ist die Aufsicht geregelt?	• Die Schüler brauchen Freiheiten, um selbstständig Erfahrungen machen zu können. • Die Schüler müssen sich abmelden und wieder anmelden. • Die Schüler verlassen nur mit konkretem Ziel und vernünftigem Zeitplan die Schule.
Ist das nicht unfair, wenn mein Kind in einer schwachen Gruppe ist?	• Die Leistungsbewertung berücksichtigt die individuelle Leistung. • Leistungsheterogenität besteht auch im Lehrgangsunterricht. • Viele Forschungen zeigen, dass Leistungsheterogenität in Lerngruppen lernfördernd sein kann.
Wie können Eltern die Arbeit unterstützen?	• Eltern können Schüler bei Frustration und Unzufriedenheit ermutigen. Sie können ihnen nahelegen, die Schuld nicht bei anderen zu suchen, sondern nach konstruktiven Lösungen zu suchen. • Eltern können ihr Expertenwissen zu passenden Inhalten einbringen. • Eltern können die Präsentation besuchen und dadurch ihre Wertschätzung der Schülerarbeit zum Ausdruck bringen.

Material im Netz.

Name: ______________________

Schuljahr: ________

Klasse: ________

Inhaltsverzeichnis

	Seite(n)
Projektziel	
Projektstrukturplan	
Projektablaufplan	
Risikoanalyse	
Aufzeichnungen und Protokolle aus den **Gruppenarbeitsphasen**	
Aufzeichnungen und Protokolle aus den **gemeinsamen Arbeitsphasen** (ganze Klasse)	
Fotos und sonstige Materialien zur Durchführung	
Reflexionen über Projektprozess und Projektergebnis	

Projektstrukturplan

Teilaufgabe 1:

Teilaufgabe 2:

Teilaufgabe 3:

Projektziel: ______________________

Teilaufgabe 4:

Teilaufgabe 5:

Teilaufgabe 6:

Projekt: ______________________________

zeitlich vorgeschaltete Aktivitäten:

Arbeitspaket 1

Arbeitspaket 2

Arbeitspaket 3

Arbeitspaket 4

Arbeitspaket 5

Arbeitspaket 6

Zeitleiste

Aufgabenleiste: WER macht WAS?

Meilenstein

Projektausweis

________________________ arbeitet im Zeitraum vom
(Schülername)

________________________ am Projekt
(Beginn und Ende des Projekts)

________________________ der
(Projekttitel)

____
(Schule)

Bitte unterstützen Sie den Schüler bei seiner Projektarbeit.
Rückfragen zum Projekt richten Sie bitte an

____________________ unter der Telefonnr. ______________.

Im Voraus herzlichen Dank für Ihre Mühe und Mithilfe.

____
(Datum, Unterschrift des betreuenden Lehrers)

(Schulstempel)

Datum/Uhrzeit/Stunde:	Gruppe/Namen:	Projektthema/ Projektphase:

1. Was wir diskutiert/besprochen haben:

- über die inhaltliche Projektarbeit
- über die Zusammenarbeit in der Gruppe

2. Was müssen wir nun erledigen/in Angriff nehmen/überarbeiten?

- Was haben wir beschlossen?
- Wer soll was bis wann machen?

3. Offene Fragen/Unklarheiten: Was müssen/möchten wir in der nächsten Scharniersitzung ansprechen?

- inhaltlich
- organisatorisch

Problemanalyse mit dem Fischgrätdiagramm

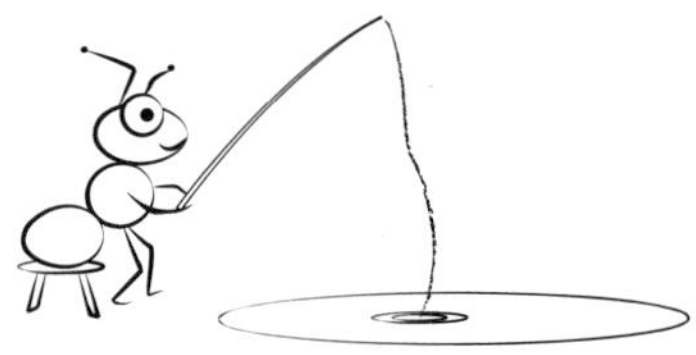

Ein Fischgrätdiagramm hilft, die Ursachen für Probleme zu analysieren. Es geht dabei nicht darum, einen oder mehrere Schuldige zu finden, sondern darum, das Problem gezielt zu bearbeiten und zu lösen.
Das Fischgrätdiagramm hilft auch dabei, zu erkennen, ob man selbst überhaupt etwas an der Ursache des Problems ändern kann – kann man das nicht, sollte man nämlich nicht zu viel Energie auf das Problem verwenden und sich ärgern.

In den Kästchen stehen Bereiche, die einen Einfluss auf die Projektarbeit haben. An diese Kästchen können weitere „Gräten" gezeichnet werden (wie die Äste eines Mind-Maps). Die Ursachen werden dann auf die einzelnen Gräten geschrieben.

Stellt die Ergebnisse eurer Analyse in der nächsten Scharniersitzung vor.

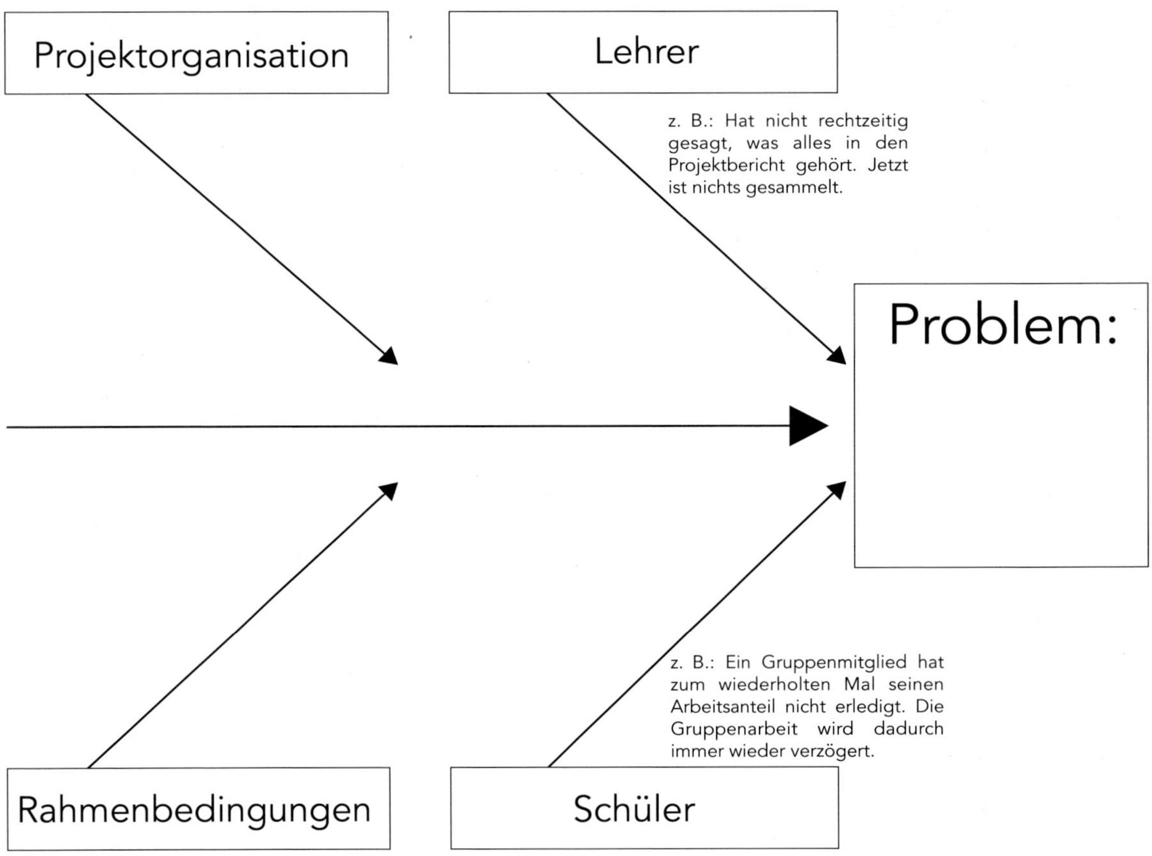

Zusammenarbeit verbessern mit der „U-Prozedur"

- Ziel der U-Prozedur[1] ist es, die gegenwärtige Lage der Zusammenarbeit zu analysieren und über verschiedene Zwischenschritte zu einer besseren Zusammenarbeit zu gelangen.
- Für diese Methode braucht eure Gruppe ungefähr 30 und 45 Minuten.
- Haltet die Ergebnisse zu allen Zwischenschritten auf einem eigenen Blatt fest und stellt die Ergebnisse und den Verlauf der U-Prozedur bei der nächsten Scharniersitzung vor.

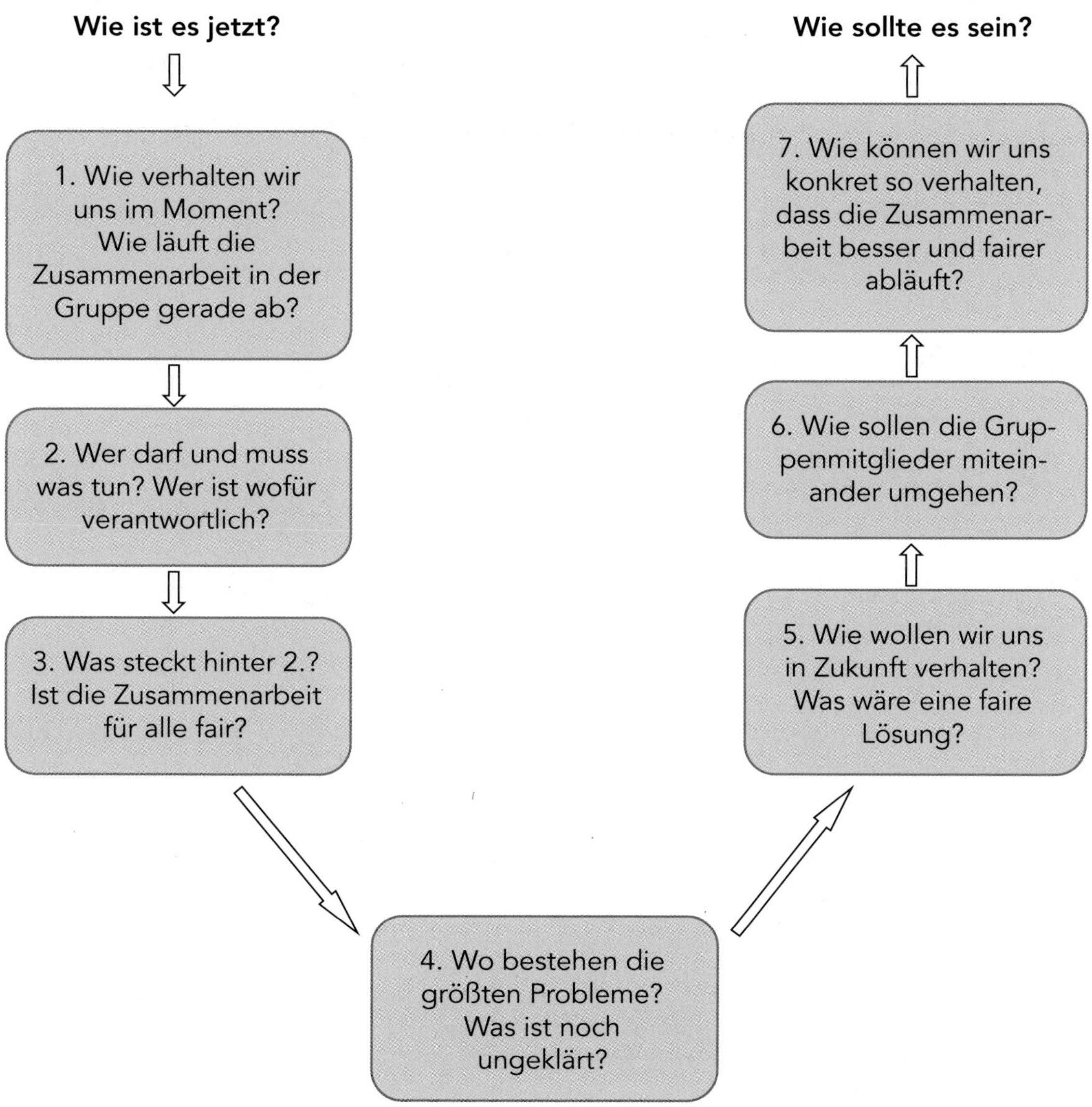

[1] Methode „U-Prozedur" in Anlehnung an: Bauer, Oswald-Karl: Teamunterricht, in: Böttcher, Wolfgang; Philipp, Elmar: Mit Schülern Unterricht und Schule entwickeln, Beltz: Weinheim und Basel 2000, S. 34.

Diagnosebogen Gruppenarbeit

1. Jeder kreuzt auf seinem Bogen an, wie er die Situation einschätzt. (10 Minuten)

2. Nun tragt ihr die Ergebnisse zusammen. Jeder trägt sich die Gesamtergebnisse auf dem eigenen Blatt ein. (5–10 Minuten)

3. Diskutiert die Ergebnisse (15–20 Minuten):
   - Wo schätzt ihr die Gruppenarbeit sehr unterschiedlich ein? Woran könnte das liegen?
   - Wo habt ihr die Gruppenarbeit ähnlich eingeschätzt? Versucht euch hier auf konkrete Maßnahmen zu einigen, um die Gruppenarbeit in diesem Punkt zu verbessern.

4. Schreibt eure konkreten Änderungsvorschläge/Beschlüsse auf – so könnt ihr später überprüfen, ob ihr eure Verbesserungen umgesetzt habt (10 Minuten).

Fragen zur Arbeit in der Gruppe	☺ stimme zu	😐 teils teils	☹ stimme nicht zu
Wir haben uns heute ganz konkrete Aufgaben vorgenommen.			
Wir haben unsere Aufgaben gut bearbeitet.			
Wir sind entsprechend unserer Zeitplanung weitergekommen.			
Alle waren bereit etwas zu arbeiten.			
Ich war zufrieden mit meiner Teilaufgabe.			
Wir haben alle gut zusammengearbeitet.			
Wir haben uns gegenseitig zugehört.			
Wir sind in der Gruppe alle gleichberechtigt.			
Wir können uns bei Meinungsverschiedenheiten gut einigen.			
Ich fühlte mich heute in der Gruppe wohl.			

Wir werden in Zukunft Folgendes anders machen:

1. ______________________________

2. ______________________________

3. ______________________________

Stellt die Ergebnisse eurer Analyse in der nächsten Scharniersitzung vor.

Überlegt euch fünf Regeln, die erfolgreiche Gruppenarbeit ganz sicher verhindern.
Formuliert eure Regeln möglichst knapp.

Hilfsfragen:

- Was kann der Einzelne tun, um den Verlauf der Gruppenarbeit zu stören?
- Was kann die Gruppe tun, damit die Zusammenarbeit nicht funktioniert?
- Welche sicheren Möglichkeiten gibt es, um nicht rechtzeitig fertig zu werden?
- Was muss man tun, um ein ungenügendes Ergebnis bei der Gruppenarbeit zu erreichen?

Unsere fünf besten Anti-Teamarbeitsregeln:

Regel 1: ______________________

Regel 2: ______________________

Regel 3: ______________________

Regel 4: ______________________

Regel 5: ______________________

1. Bei der Rückmeldung an Mitschüler und Lehrer denken wir daran, dass auch wir Fehler machen und immer noch dazulernen.

2. Kritik soll eine Hilfe sein, kein Urteil.

3. Kritik wird an der Sache, nicht an der Person geübt.

4. Wir beginnen mit einer positiven Rückmeldung – nichts ist so schlecht, dass es nichts daran zu loben gäbe.

5. Kritik üben wir nur, wenn der Kritisierte auch etwas daran ändern kann. Ein Schüler kann zum Beispiel seine Stimmlage nicht ändern.

6. Statt Ratschläge zu geben, machen wir Vorschläge.
Der Kritisierte kann dann selbst entscheiden, ob er diese Vorschläge annehmen möchte.

7. Wir versuchen uns in die Lage des Mitschülers zu versetzen und überlegen, wie viel Kritik er vertragen kann.

Beobachtungsbogen für betreuende Lehrer

• sachliche Arbeit • Selbstständigkeit

• kommunikatives Verhalten • Verhalten im Team

Datum/Stunde	Name des Schülers	Beobachtung	**Kürzel des Lehrers** (für evtl. Rückfragen des bewertenden Lehrers)

Abmeldung für Projektarbeit außerhalb der Schule

Um meine/unsere Projektarbeit durchführen zu können muss ich müssen wir außerhalb der Schule tätig werden.

Name des Schülers	Klasse	Unterschrift Schüler	Kürzel Lehrer

Datum: ____________

Uhrzeit von: ______ bis: ______

zurückgemeldet: ________________________ (Uhrzeit / Unterschrift Lehrer)

Ziel:

geplante Tätigkeit:

Gruppe: ______________________

Datum: ______________________

Berichtszeitraum: ______________________

	Bitte um Rücksprache
Inhaltliche Arbeit: Wir haben im Berichtszeitraum folgende Arbeitsaufgaben bearbeitet oder erledigt:	
Zeitplan: Wir haben mit der Erledigung folgender Aufgaben innerhalb der vorgegebenen Zeit Schwierigkeiten: Wir brauchen wahrscheinlich … Wir schlagen deshalb vor …	
Teamarbeit: Bei der Teamarbeit gab es folgende Probleme: Wir haben die Probleme so zu lösen versucht: Die Probleme sind damit für uns ☐ geklärt ☐ nicht geklärt	
Bedarf: Wir brauchen:	

Scharniersitzungsampel

	Inhaltliche Arbeit	Zeit/ Termine	Zusammen-arbeit in der Gruppe	Bedarf (Räume, Medien ...)	Dokumen-tation
 Wir brauchen Hilfe, wir haben ein Problem, das wir nicht selbst lösen können.					
 Wir haben Probleme, können sie aber selbst lösen.					
 Wir haben keine nennenswerten Probleme.					

Statt mit Smileys könnt ihr die Bewertung auch mit rotem, gelbem und grünem Textmarker vornehmen.

Grundregeln:

1. Jeder sagt höchstens zwei Sätze.
2. Jeder äußert sich.
3. Keine Äußerung wird von einem anderen kommentiert.

Hilfsfragen:

1. Wie gut komme ich mit der Arbeit zurecht?
2. Wie fühle ich mich in der Gruppe?
3. Wie klappt die Zusammenarbeit innerhalb der Gruppe?
4. Was brauche ich, um noch besser arbeiten zu können und um mich wohler zu fühlen?

Wofür braucht man Rollenspiele?

Rollenspiele helfen, sich auf Situationen in der Wirklichkeit vorzubereiten oder Situationen nachzuspielen, in denen man schwierige Entscheidungen treffen musste. In der Wirklichkeit hat man manchmal keine Wahl, man muss so oder so reagieren. Im Rollenspiel kann man auch mal etwas Riskantes ausprobieren.

Was passiert bei Rollenspielen?

Bei Rollenspielen erklären sich mehrere Spieler bereit, in bestimmte Rollen hineinzuschlüpfen und eine bestimmte Situation zu spielen. Die Spieler versuchen hierbei ins Fühlen, Denken und Handeln der Person hineinzuschlüpfen.
Ohne Einfühlungsvermögen und Fantasie geht das nicht.

Wie geht das Rollenspiel vor sich?

Die Spieler erhalten gemeinsam eine Beschreibung der Situation, die sie spielen. Jeder einzelne Spieler erhält zusätzlich eine Rollenkarte. Auf dieser Rollenkarte ist die Rolle beschrieben, in die er sich hineinversetzen soll. Die Spieler spielen das Rollenspiel dann einer Gruppe vor. Diese Gruppe beobachtet das Rollenspiel sehr genau. Manchmal haben einzelne Beobachter die Aufgabe einen ganz bestimmten Spieler zu beobachten. Es ist wichtig, dass sich die Beobachter Notizen machen, sonst vergessen sie vielleicht eine wichtige Beobachtung. Die Beobachtergruppe muss so fair sein, dass sie leise und konzentriert ist, die Spieler können dann viel besser spielen.

Was ist sonst noch wichtig am Rollenspiel?

Rollenspiel ist nicht Theater! Die Spieler achten beim Spielen nicht auf das Publikum, sondern auf die Rolle, die sie spielen.
Wenn man eine Rolle einnimmt, kann man sichtbar in die Rolle hineinsteigen; wenn man aufhört zu spielen, kann man für sich und für die anderen erkennbar aus der Rolle heraussteigen. Das ist vor allem wichtig, wenn man sich in der Rolle in ein Verhalten hineingesteigert hat, das andere nicht in Ordnung fanden.

Die Situation:
In deiner Klasse arbeitet ihr gerade an einem Projekt mit dem Ziel euer Klassenzimmer wohnlich zu gestalten. Jede Gruppe soll einen kompletten Gestaltungsvorschlag erarbeiten und präsentieren. Der beste Vorschlag wird dann gewählt und von allen gemeinsam umgesetzt. Die Entwurfspräsentation ist in zwei Tagen. Alex hatte versprochen heute alte Einrichtungszeitschriften und Möbelhausprospekte mitzubringen. Aus diesen Zeitschriften wolltet ihr passende Bilder ausschneiden und auf euren Entwurf kleben. Dummerweise hat er vergessen, das Material mitzubringen.

Rolle 1: Steffi
Du glaubst nicht so recht daran, dass das Klassenzimmer wohnlich wird, außerdem ist es dir ganz egal, wie wohnlich es ist, weil du eh nicht gerne zur Schule gehst. Dass Alex seine Sachen vergessen hat, passt dir gut, du hast nämlich Schere und Klebstoff vergessen und das den anderen noch gar nicht gesagt.

Rolle 2: Holger
Dir gefällt die Idee mit der Verschönerung des Klassenzimmers. Bis jetzt warst du mit der Zusammenarbeit in der Gruppe recht zufrieden. Ihr habt viele gute Ideen gesammelt. Du würdest die Ideen deiner Gruppe gerne auch umsetzen und hoffst, dass euer Vorschlag gewählt wird.

Rolle 3: Max
Du möchtest unbedingt, dass deine Gruppe mit ihrer Idee gewinnt. Ihr habt nämlich eine Sofaecke geplant und du hast mit viel Mühe deiner Tante ihr noch gar nicht so altes Sofa „abgeschwätzt". Für heute hast du extra die Texte getippt und ein großes Plakat gekauft.

Rolle 4: Frank
Du findest das Projekt ganz o. k., aber willst es möglichst ohne Aufwand hinter dich bringen. Eigentlich ist dir egal, ob alle alles dabeihaben oder nicht. Aber da Alex gestern dir gegenüber einen blöden Spruch losgelassen hat, ist das ein guter Anlass um ein bisschen auf ihm rumzuhacken.

Rolle 5: Alex
Du ärgerst dich über dich selbst. Gestern warst du extra noch im Möbelhaus und hast Prospekte besorgt. Dein Material hast du heute Morgen in der Hektik im Bus liegen lassen. Du hast jetzt gar keine Lust, dir das Gemecker der anderen anzuhören. Vor allem hast du Angst, dass die anderen jetzt sagen, du sollst das Plakat allein zu Hause fertig machen.

Beobachtungsbogen Rollenspiel

- Beobachte genau, was im Rollenspiel abläuft.
- Notiere deine Beobachtungen in Stichworten.
- Wie reagieren die einzelnen Spieler aufeinander?

Beobachte ______________ ganz genau und mach dir Notizen!

Würdest du einer der Personen gerne etwas sagen? Wenn ja, was?

Hast du schon einmal eine ähnliche Situation erlebt?

Welchen Rat würdest du den einzelnen Gruppenmitgliedern geben?

Fünf Punkte für ein gutes Interview

Zunächst musst du dir bewusst machen, dass du als Interviewer bei einem Interview etwas von deinem Gesprächspartner willst. Deshalb musst du

1. höflich sein (du willst etwas von ihm/von ihr),
2. dich auf dein Gegenüber einlassen (dich in seine Lage versetzen) und
3. das Interview gut vorbereiten (denn wenn es erst mal vorbei ist, kannst du Fragen, die dir dann vielleicht noch einfallen, nicht mehr stellen).

1. Interviewpartner auswählen
- Wer wäre ein interessanter Interviewpartner?
- Wie kann ich zu dem Interviewpartner Kontakt aufnehmen? (Telefon, Fax, Brief, E-Mail)

2. Kontaktaufnahme
- sich höflich vorstellen
- um ein Interview bitten
- den Rahmen des Interviews erklären; erklären, was mit dem Interviewergebnis geschehen soll
- evtl. fragen, ob du Fotos von deinem Interviewpartner machen darfst (für die Dokumentation)
- einen Termin ausmachen

3. Interview vorbereiten
- Interviewleitfaden (Fragen vorbereiten, Reihenfolge der Fragen vorbereiten)
- das Interview „ausprobieren" (jemandem die Fragen stellen – sind sie verständlich?)
- Aufnahmetechnik ausprobieren (Diktiergerät, Kassettenrekorder …)

4. Interview durchführen
- durch so genannte „Türöffner" eine gute Atmosphäre schaffen
- bei Antworten neutral bleiben (nicht durch Kopfschütteln, grimmige Miene … kommentieren)
- das Interview aufnehmen oder Antworten in Stichworten mitschreiben
- am Schluss danken

5. Interview dokumentieren
- Überlege, wie du das Interview kürzen kannst, ohne Wichtiges wegzulassen.
- Auslassungen kennzeichnen: […]
- Wörtliche Zitate kennzeichnen: „…"

Notizen zu meinem Interview:

Internetrecherche

Ein verheerender Computervirus hat sich durch diesen Text gefressen. Glücklicherweise hat er alle aufgefressenen Wörter unten wieder ausgeschieden – kannst du sie wieder einsetzen?

Suchen im Internet ist nicht so einfach, wie es auf den ersten Blick scheint. Nicht genug, dass es im Internet sehr viele Seiten gibt, es gibt auch viele Seiten mit ____________ Informationen. Um im Internet auch das zu finden, was man sucht, muss man sich zunächst einmal Gedanken darüber machen, __________ man sucht!
Die Grundregel ist: Bevor man den ______________ überhaupt startet, zuerst überlegen, wie man beim Suchen vorgeht. Profis nennen diese Vorarbeit einen ______________ erstellen. Man kann sich entweder ein Mindmap oder ein ________________ oder eine Stichwortsammlung zum Thema anlegen. Später wird man dann überlegen, welche ______________ aus dem Mindmap für die Suche hilfreich sein können.
Außerdem fragt man sich bei einem Suchbaum: „Welche Institution oder welche __________ könnte Informationen zu dem Thema bieten? Könnte eine Homepage eines ______________ Informationen zu dem Thema enthalten? Was sagt die Internetenzyklopädie ____________ dazu?"

Firma Privatmanns falschen Wörter
was Cluster Wikipedia Computer Suchbaum

Suchmaschinen	Verzeichnisse	Metasuchmaschinen
maschinelle Suche nach Stichworten in Texten von Internetseiten (Auswahl durch Maschinen)	redaktionell ausgewählte Seiten werden thematisch zusammengestellt (Auswahl durch Menschen)	Suchmaschine, die verschiedene andere Suchmaschinen gleichzeitig abfragt. Doppelnennungen werden aussortiert.
Ziel: große Treffermenge	Ziel: kleinere Treffermenge und größere Qualität	Ziel: umfangreiche Suchergebnisse – ein großer Teil des WWW wird abgesucht
www.fireball.de www.yahoo.com www.lycos.de www.altavista.com www.google.de	www.dino-online.de www.web.de	www.metager.de www.metacrawler.de

Präsentationsideen im Überblick

klassische Präsentationsformen

- Flipchart-Präsentation
- Präsentation mit Overheadprojektor
- Präsentation mit Wandpostern
- Powerpoint-Präsentation

darstellende Präsentationsformen

- szenisches Spiel
- Präsentation mit eingebauten Sketchen

Präsentation an Modellen

Präsentationen mit Versuchen und Vorführungen

- Versuche vorführen
- Versuche mit den Zuschauern machen (z. B. Gedächtnistricks)
- Erlerntes vorführen (z. B. Zaubertricks)

Präsentationen mit Ton- und Bildaufnahmen

- Videofilme, DVD – Ausschnitte in die Präsentation einbeziehen (Filmausschnitte, Nachrichtenausschnitte, Reden …)
- aufgenommene Interviews mit Projektbeteiligten vorspielen (Meinungen zum Projekt)
- Foto-Story

Die sechs wichtigsten Tipps für eine gute Präsentation

1. Sich auskennen

Im Thema, das du präsentieren willst, musst du dich gut auskennen, dann wirst du erstens sicherer beim Vortragen und zweitens kannst du deine Präsentation besser vorbereiten.

2. Frei vortragen

Auf keinen Fall solltest du ablesen oder aufsagen, was du auswendig gelernt hast. Um das zu vermeiden, mache dir möglichst wenige Stichworte (10 bis höchstens 20).

3. Den Einstieg vorbereiten

Nicht einfach irgendwie anfangen. Der Zuhörer soll sich auf deine Präsentation einstellen können. Also: Begrüßen und das Thema nennen. Eventuell noch die wichtigsten Bereiche deiner Präsentation nennen. Gut ist es auch, wenn du mit etwas Überraschendem oder Witzigem gleich zu Beginn die Aufmerksamkeit deiner Zuhörer gewinnst.

4. So anschaulich wie möglich

Um deine Präsentation abwechslungsreicher zu machen, solltest du nicht nur sprechen, sondern auch Dinge zeichnen, markieren, darauf zeigen usw.

5. Präsentationsmedien benutzen

Schaubilder, Bilder, Anschauungsobjekte, Plakate usw., die du für deine Präsentation vorbereitet hast, solltest du nicht nur aufhängen oder zeigen, sondern benutzen: Erklären und auf Bilder deuten, auf Einzelheiten hinweisen, auf Plakate zeigen, den Verlauf von Schaubildern nachzeichnen …

6. Den Abschluss vorbereiten

Lass deine Präsentation nicht einfach auslaufen, sondern bedanke dich bei deinen Zuhörern für ihr Interesse. Vielleicht gibt es auch noch Fragen zu deiner Präsentation, die du dann beantworten kannst.

Beobachtungsauftrag 1: Körpersprache

Beobachte die Körpersprache des Präsentierenden:

- Was fällt dir an der Körperhaltung auf?
- Wohin schaut der Präsentierende?
- Was macht der Präsentierende mit seinen Händen?
- Wo steht der Präsentierende im Raum?
- Bewegt sich der Präsentierende? Wie wirkt das auf dich?
- Welche Ratschläge würdest du ihm geben?

Beobachtungsauftrag 2: Medieneinbindung

Wie sinnvoll setzt der Präsentierende seine Medien ein?

- Wie setzt der Präsentierende die Medien ein? Notiere genau, wie er das tut.
- Wie wirkt der Medieneinsatz auf dich? Begründe.

Beispiel für Notizen:
Zeigt auf das Schaubild links auf dem Poster und erklärt, was darauf zu sehen ist.

Beobachtungsauftrag 3: Sprache

Ist die Sprache des Präsentierenden verständlich?

- Spricht der Präsentierende frei oder liest er ab? (Wie viel liest er ab?) Wie wirkt das auf dich?
- Benutzt der Präsentierende seine eigene Sprache? (Falls nicht, notiere Beispiele.)
- Spricht der Präsentierende so laut, dass du ihn gut verstehen kannst?
- Spricht der Präsentierende deutlich?
- Wie ist das Sprechtempo des Präsentierenden (langsam, normal, schnell)? Wie wirkt das auf dich?

Beobachtungsauftrag 4: Verwendete Medien

Welche Medien benutzt der Präsentierende?

- Welche Medien setzt der Präsentierende ein? Notiere alle verwendeten Medien.
- Wie ist die Qualität der Medien? Begründe dein Urteil.

Einsetzbare Medien:
Folien, Schaubilder, Grafiken, Statistiken, Bilder, Tonaufnahmen, Filmaufnahmen, Poster, Gegenstände …

Beobachtungsauftrag 5: Publikum

Achte auf das Publikum:

- Was kannst du im Publikum beobachten (Körperhaltung, Mimik)? Wie wirkt das Publikum auf dich? Begründe deine Meinung.
- An welchen Stellen reagiert das Publikum auf die Präsentation? Beschreibe die Reaktion und die Stelle, an der sie stattfindet.

Beobachtungsauftrag 6: Inhalt

Achte auf den Inhalt des Vortrags:

- Ist der Inhalt verständlich für dich?
- Ist der Inhalt für dich interessant?
- Kannst du eine inhaltliche Struktur erkennen?
- Schreibe 5 bis 8 Überschriften zu einzelnen Themen der Präsentation auf.

Beobachtungsbogen zur Präsentation

	Vortrag 1	Vortrag 2	Vortrag 3
Einstieg: • Macht der Einstieg neugierig? • Stellt der Präsentierende Augenkontakt zu seinen Zuhörern her?			
Inhalt: • verständlich dargestellt? • gut gegliedert?			
Vortrag: • verständlich? • laut genug? • flüssig?			
Körpersprache • Wirkt er/sie sicher/unsicher; wenn ja: warum? • Gibt es Auffälligkeiten in der Körperhaltung?			
Medieneinsatz • Bedient/benutzt der Präsentierende das Medium sicher? • Wird das Medium zweckmäßig eingesetzt oder lenkt es eher ab? • Ist das Medium ästhetisch gestaltet?			
Rückfragen • Kann der Präsentierende Rückfragen zur Präsentation flüssig und verständlich beantworten?			

Zur Erinnerung: Eine Rückmeldung beginnt immer mit dem POSITIVEN, dann erst kommt die Kritik.

... was mir gefallen hat ...
... gut war...
... prima fand ich, dass....
... worauf du in Zukunft achten könntest ...

Bewertungsbogen Powerpoint-Präsentation

Name: ______________________ Thema: ______________________

Bewertungs-bereich	Bewertungskriterium	Selbsteinschätzung	Fremdeinschätzung (Lehrer)
Inhalt	• Hat der S. den Inhalt selbst erfasst?	1 2 3 4 5 6	1 2 3 4 5 6
	• Hat der S. sinnvoll reduziert?	1 2 3 4 5 6	1 2 3 4 5 6
	• Hat der Schüler sinnvoll aufgebaut? (Einstieg, klare Gliederung, Abschluss)	1 2 3 4 5 6	1 2 3 4 5 6
Powerpoint-präsentation	• Layout (Sind Schrift, Folienlayout und Cliparts passend?)	1 2 3 4 5 6	1 2 3 4 5 6
	• Bildqualität (scharf, verschwommen, pixelig?)	1 2 3 4 5 6	1 2 3 4 5 6
	• akustische Animation (Sind Klangelemente sinnvoll und maßvoll eingesetzt?) • grafische Animation (Ist die Animation der Schrift und der Bildelemente sinnvoll und maßvoll eingesetzt?)	1 2 3 4 5 6 1 2 3 4 5 6	1 2 3 4 5 6 1 2 3 4 5 6
	• Seitenlayout (Sind die einzelnen Folien übersichtlich?)	1 2 3 4 5 6	1 2 3 4 5 6
	• eingebundene Elemente (Sind Geräusche, Musik, Wordart, Textfelder, Fotos, Cliparts, Schaubilder, Karten, Film, Shortcuts vielfältig eingebunden?)	1 2 3 4 5 6	1 2 3 4 5 6
Präsentation	• Einstieg packend/motivierend?	1 2 3 4 5 6	1 2 3 4 5 6
	• Blickkontakt	1 2 3 4 5 6	1 2 3 4 5 6
	• freier Vortrag	1 2 3 4 5 6	1 2 3 4 5 6
	• gutes Zusammenspiel von Vortrag und Powerpoint-Präsentation (gegenseitige Ergänzung, nicht Wiederholung)	1 2 3 4 5 6	1 2 3 4 5 6
	• Ablauf (reibungslos, Problemlösekompetenz)	1 2 3 4 5 6	1 2 3 4 5 6

Besondere Anmerkungen:

Elternbrief

Material im Netz

Liebe Eltern,

zur Präsentation unseres Projekts möchten wir Sie ganz herzlich einladen. Bei der Projektpräsentation werden Sie die Möglichkeit haben, Ihre Kinder einmal von einer ganz anderen Seite kennen zu lernen.

Für Ihre Kinder ist Ihre Anwesenheit ein Stück Wertschätzung, die sie zusätzlich zu Leistungen motiviert.

Sie erhalten bei der Präsentation Einblick in eine Ihnen aus Ihrer Schulzeit wahrscheinlich weniger geläufige Lernform. Das Projektlernen bietet Ihren Kindern die Möglichkeit, selbstbestimmt, lebensnah, im Team und entsprechend ihrem eigenen Lösungsweg Aufgaben zu bewältigen.

Wir freuen uns auf Ihr Kommen!

am: ______________________________

Uhrzeit: ______________________________

Raum: ______________________________

Mit freundlichen Grüßen

Die Gliederungspunkte sind mögliche Hilfen und müssen nicht immer alle systematisch „abgearbeitet" werden.

	Beispiel 1	Beispiel 2
Abschnitt 1: Rahmen und Thema • Projektthema • Projektrahmen • Projektgruppe • Teilaufgaben des Schülers	Lisa arbeitete im Rahmen des Projekts „Wir produzieren eine Foto-Love-Story" in einer fünfköpfigen Projektgruppe insgesamt etwa 15 Unterrichtsstunden am Thema. Gerne übernahm sie zeichnerische Aufgaben bei der Erstellung des Storyboards.	Kevin arbeitete im Rahmen des Pflichtprojekts „Wirtschaften – Verwalten – Recht" in einer Projektgruppe aus 4 Schülern, die selbstständig ein Spielgerüst für den ortsansässigen Kindergarten plante und herstellte. Die Projektarbeit erstreckte sich über zwei Projektwochen.
Abschnitt 2: Projektarbeit • Einsatz • Flexibilität • Verlässlichkeit • Teamfähigkeit • kommunikative Fähigkeiten • Umgang mit Konflikten	Lisa gliederte sich in die Gruppenarbeit ein und arbeitete zuverlässig an den ihr zugewiesenen Aufgaben. Sie selbst hielt sich mit Vorschlägen stark zurück. Konflikten ging sie aus dem Weg, indem sie ihre Meinung stets zurückstellte.	Kevin war eine treibende Kraft der Projektgruppe. Seine vielen eigenen Ideen hinderten ihn jedoch häufig an der Wahrnehmung der Interessen anderer. Er engagierte sich weit über die schulische Projektarbeit hinaus. Bei Konflikten fiel es ihm ausgesprochen schwer, die Perspektive anderer zu übernehmen.
Abschnitt 3: Projektpräsentation • Sprache und Auftreten • Inhalt • vorbereitete Medien • Medieneinsatz • Beantwortung von Rückfragen	Bei der Projektpräsentation präsentierte Lisa den Aspekt der Schauplätze. Hierbei schilderte sie die wesentlichen Erwägungen der Projektgruppe. Unterstützt wurde ihre Darstellung durch Fotos der Aufnahmeorte, die sie kurz erläuterte.	Während der Projektpräsentation zeigte Kevin so großen Eifer, dass er auch stets seine Mitschüler ergänzte. Auf großformatigen Stellwänden präsentierte er seine akkuraten Bauzeichnungen des von der Gruppe angefertigten Spielgeräts.
Abschnitt 4: Projektdokumentation • Gestaltung und Layout • adressatengerechte Aufbereitung (Inhaltsauswahl, Umfang) • sprachliche Korrektheit	Lisas persönliche Projektdokumentation ist sehr aufwändig gestaltet. Stellenweise ist die Dokumentation zu umfangreich, so werden zum Beispiel ganze Gespräche der Gruppe in eigenen Worten wiedergegeben.	Kevins Projektdokumentation ist insgesamt ordentlich gestaltet. Leider weist sie einige Lücken auf. Scharniersitzungen und die Arbeit seiner Gruppenmitglieder wurden nicht oder nur sehr oberflächlich dokumentiert.

Teamarbeit – Selbst- und Fremdeinschätzung

Ihr habt gemeinsam in der Gruppe gearbeitet, deshalb könnt ihr am besten einschätzen, wer in der Gruppe wie gut gearbeitet hat.

Und so funktioniert es:

1. Zunächst trägst du in die Spalte ganz rechts ein, wie du deine Teamarbeit selbst einschätzt. Du kannst in jeder Zeile höchstens 5 Punkte vergeben. Anschließend faltest du diese Spalte nach hinten.

2. Nun reichst du deinen Zettel an den ersten deiner Teamkollegen weiter. Der schätzt nun deine Teamarbeit im Projekt ein. Hierfür benutzt er die Spalte am rechten Rand! Anschließend faltet er das Blatt um und reicht es weiter.

3. Nachdem jeder jeden eingeschätzt hat, kann jeder sein eigenes Blatt wieder auffalten und vergleichen, ob seine Teamkollegen ihn so wahrgenommen haben wie er sich selbst.

Name: ______________________________

	Teamkollege 5	**Teamkollege 4**	**Teamkollege 3**	**Teamkollege 2**	**Teamkollege 1**	**Selbsteinschätzung**
Wie viel Arbeitseinsatz zeigte der Schüler? (maximal 5 Punkte)						
Wie viele gute Ideen brachte der Schüler ein? (maximal 5 Punkte)						
Wie gut konnte der Schüler Ideen und Vorschläge anderer akzeptieren und aufnehmen? (maximal 5 Punkte)						
Wie **zuverlässig** erledigte der Schüler einen Arbeitsauftrag der Gruppe? (maximal 5 Punkte)						
Wie **gut** erledigte der Schüler die Arbeitsaufträge der Gruppe, die er erledigen sollte? (maximal 5 Punkte)						

Bewertungsbogen Projektarbeit

Material im Netz.

Punkte-zahl		erreichte Punkte
	Flexibilität	
5	Der Schüler konnte sich auf **Vorschläge/Informationen/Ratschläge sehr gut einstellen** und sie **eigenständig umsetzen.**	
4	Der Schüler konnte sich auf **Vorschläge/Informationen/Ratschläge gut einstellen und sie umsetzen.**	
3	Der Schüler konnte sich auf **Vorschläge/Informationen/Ratschläge mit etwas Hilfe einstellen** und sie **bedingt umsetzen.**	
2	Der Schüler konnte sich auf **Vorschläge/Informationen/Ratschläge nur schwer einstellen** und sie **kaum umsetzen.**	
1	Der Schüler konnte sich auf **Vorschläge/Informationen/Ratschläge kaum einstellen** und sie **nur mit großen Schwierigkeiten umsetzen.**	
0	Der Schüler konnte sich auf **Vorschläge/Informationen/ Ratschläge nie einstellen** und konnte sie **nicht umsetzen.**	
	Teamfähigkeit	
5	Der Schüler zeigte einen **überdurchschnittlichen Arbeitseinsatz** und brachte die Gruppe mit **vielen guten Ideen** voran. Er war **immer in der Lage, Vorschläge anderer Gruppenmitglieder** aufzunehmen und weiterzuentwickeln.	
4	Der Schüler zeigte einen **guten Arbeitseinsatz** und brachte die Gruppe mit **guten Ideen** voran. Er war **meistens in der Lage, Vorschläge anderer Gruppenmitglieder** aufzunehmen und weiterzuentwickeln.	
3	Der Schüler zeigte einen **durchschnittlichen Arbeitseinsatz** und brachte die Gruppe mit **eigenen Ideen** voran. Er war **oft in der Lage, Vorschläge anderer Gruppenmitglieder** aufzunehmen und weiterzuentwickeln.	
2	Der Schüler zeigte einen **unterdurchschnittlichen Arbeitseinsatz** und brachte **kaum Ideen** in die Gruppe ein. Er war **selten in der Lage, Vorschläge anderer Gruppenmitglieder** aufzunehmen und weiterzuentwickeln.	
1	Der Schüler zeigte **fast keinen Arbeitseinsatz** und brachte **keine Ideen** in die Gruppe ein. Er war **nicht in der Lage, Vorschläge anderer Gruppenmitglieder** aufzunehmen und weiterzuentwickeln.	
0	Der Schüler ist **nicht teamfähig.**	
	Verlässlichkeit	
5	Der Schüler hielt **alle Termine** ein und hielt sich **immer an die Gruppenbeschlüsse.** Seine **Arbeitsmaterialien** waren **immer geordnet.**	
4	Der Schüler hielt **fast alle Termine** ein und hielt sich **fast immer an die Gruppenbeschlüsse.** Seine **Arbeitsmaterialien** waren **meistens geordnet.**	
3	Der Schüler hielt **Termine meistens** ein und hielt sich **meistens an die Gruppenbeschlüsse.** Seine **Arbeitsmaterialien** waren **überwiegend geordnet.**	
2	Der Schüler hatte **Schwierigkeiten, Termine einzuhalten** und hielt sich **selten an die Gruppenbeschlüsse.** Seine **Arbeitsmaterialien** waren **fast nicht geordnet.**	
1	Der Schüler hielt **keine Termine** ein und hielt sich **fast nie an die Gruppenbeschlüsse.** Seine **Arbeitsmaterialien** waren **ungeordnet.**	
0	Auf den Schüler war innerhalb der Projektarbeit **kein Verlass.**	
	Kommunikationsfähigkeit	
5	Der Schüler war **sehr gut in der Lage, Sachverhalte, Zusammenhänge und seine emotionale Befindlichkeit auszudrücken.** Er hielt sich **immer an Gesprächsregeln** und konnte **sehr gute Impulse geben,** um die Arbeit voranzubringen.	
4	Der Schüler war **gut in der Lage, Sachverhalte, Zusammenhänge und seine emotionale Befindlichkeit auszudrücken.** Er hielt sich **fast immer an Gesprächsregeln** und konnte **gute Impulse geben,** um die Arbeit voranzubringen.	
3	Der Schüler war **meistens in der Lage, Sachverhalte, Zusammenhänge und seine emotionale Befindlichkeit auszudrücken.** Er hielt sich **überwiegend an Gesprächsregeln** und konnte **ab und zu Impulse geben,** um die Arbeit voranzubringen.	
2	Der Schüler war **selten in der Lage, Sachverhalte, Zusammenhänge und seine emotionale Befindlichkeit auszudrücken.** Er hielt sich **kaum an Gesprächsregeln** und konnte **fast nie Impulse geben,** um die Arbeit voranzubringen.	
1	Der Schüler war **fast nie in der Lage, Sachverhalte, Zusammenhänge und seine emotionale Befindlichkeit auszudrücken.** Er hielt sich **selten an Gesprächsregeln** und konnte **keine Impulse geben,** um die Arbeit voranzubringen.	
0	Der Schüler konnte sich kommunikativ nicht sachdienlich in die Projektarbeit einbringen.	

Bewertungsbogen Projektarbeit

	Punkte-zahl		erreichte Punkte
Konflikt-bewältigung	5	Der Schüler war **immer kompromissfähig** und konnte **persönliche Interessen,** wenn nötig, **zurückstellen.** Er **erkannte Probleme,** sprach sie an und brachte **konstruktive Kritik** vor. Er war **immer in der Lage, eigene Fehler einzugestehen** und daraus die **Konsequenzen zu ziehen.**	
	4	Der Schüler war **kompromissfähig** und konnte **meistens persönliche Interessen,** wenn nötig, **zurückstellen.** Er **erkannte oft Probleme,** sprach sie an und brachte **konstruktive Kritik** vor. Er war **in der Lage, eigene Fehler einzugestehen** und daraus die **Konsequenzen zu ziehen.**	
	3	Der Schüler hatte **Probleme, Kompromisse zu schließen** und **persönliche Interessen,** wenn nötig, **zurückstellen.** Er **erkannte einige Probleme,** sprach sie an und brachte **Kritik** vor. Er hatte **Schwierigkeiten, eigene Fehler einzugestehen** und daraus die **Konsequenzen zu ziehen.**	
	2	Der Schüler hatte **Probleme, Kompromisse zu schließen und persönliche Interessen zurückzustellen.** Er **erkannte kaum Probleme.** Er hatte **große Schwierigkeiten,** eigene **Fehler einzugestehen** und daraus die **Konsequenzen zu ziehen.**	
	1	Der Schüler konnte **kaum Kompromisse schließen und persönliche Interessen zurückstellen.** Er **erkannte Probleme nicht.** Er hatte **sehr große Schwierigkeiten, eigene Fehler einzugestehen** und daraus die **Konsequenzen zu ziehen.**	
	0	Der Schüler konnte **keine Kompromisse schließen und persönliche Interessen zurückstellen.** Er **erkannte keine Probleme.** Er konnte keine **eigenen Fehler eingestehen** und daraus die **Konsequenzen ziehen.**	
Projekt-präsentation	10 / 9	Das Thema war **sehr umfangreich** und **sehr gut strukturiert** aufbereitet. Der **Medieneinsatz war sehr sinnvoll,** der **Schülervortrag** war **völlig frei, Rückfragen** wurden **sehr souverän** beantwortet.	
	8 / 7	Das Thema war **umfangreich** und **gut strukturiert** aufbereitet. Der **Medieneinsatz war sinnvoll,** der **Schülervortrag** war **frei, Rückfragen** wurden **souverän** beantwortet.	
	6 / 5	Das Thema war **im Wesentlichen dargestellt** und war **strukturiert. Medien** wurden **überwiegend sinnvoll** eingesetzt. Der **Schülervortrag** war **nicht ganz frei, Rückfragen** wurden **beantwortet.**	
	4 / 3	Das Thema war **nicht vollständig dargestellt** und **nicht ausreichend strukturiert. Medien** wurden **zum Teil nicht sinnvoll** eingesetzt. Der **Schülervortrag** war **eher auswendig gelernt oder unvorbereitet. Rückfragen** konnten **überwiegend nicht beantwortet** werden.	
	2 / 1	Das Thema war **sehr lückenhaft dargestellt** und **völlig unstrukturiert. Medien** wurden **überwiegend nicht sinnvoll** eingesetzt. Der **Schülervortrag** war ganz **auswendig gelernt oder unvorbereitet. Rückfragen** konnten **meist nicht beantwortet** werden.	
Projekt-dokumentation	10 / 9	Das Projekt wurde **sehr ausführlich** und **sehr zweckmäßig** dargestellt. Die **äußere Form** ist **sehr gut.** Der **fachsprachliche Ausdruck** des Schülers ist **sehr gut.**	
	8 / 7	Das Projekt wurde **ausführlich** und **zweckmäßig** dargestellt. Die **äußere Form** ist **gut.** Der **fachsprachliche Ausdruck** des Schülers ist **gut.**	
	6 / 5	Das Projekt wurde **überwiegend** und **verständlich** dargestellt. Die **äußere Form** ist **akzeptabel. Fachsprachliche Ausdrücke** wurden **verwendet.**	
	4 / 3	Das Projekt wurde **nicht vollständig** und **nicht immer verständlich** dargestellt. Die **äußere Form** ist **gerade noch ausreichend. Fachsprachliche Ausdrücke** wurden **selten verwendet.**	
	2 / 1	Das Projekt wurde **stark unvollständig** und **häufig unverständlich** dargestellt. Die **äußere Form** ist **nicht ausreichend. Fachsprachliche Ausdrücke** wurden **nicht oder überwiegend falsch verwendet.**	
	0	Das Projekt wurde **sehr lückenhaft** und überwiegend **unverständlich** dargestellt. Die **äußere Form** ist **ungenügend. Fachsprachliche Ausdrücke** wurden **nicht oder stets falsch verwendet.** Oder: Die Projektdokumentation fehlte.	

Notenbildung:

- 45 Punkte Note 1
- 0 Punkte Note 6
- lineare Verteilung

Projekt: ____________________

Projektzeitraum: ____________________

Lerngruppe: ____________________

Lieber Schüler,
um in Zukunft bei Projekten noch besser zu werden, möchte ich erfahren, wie du das oben genannte Projekt wahrgenommen hast.

1. Hast du den Eindruck, dass du durch das Projekt etwas dazugelernt hast?

- ☐ ich habe sehr viel dazugelernt
- ☐ ich habe dazugelernt
- ☐ ich habe wenig dazugelernt
- ☐ ich habe nichts dazugelernt

2. War dir klar, was im Projekt von dir erwartet wurde?

☐ ganz klar ☐ im Wesentlichen klar ☐ eher unklar ☐ völlig unklar

3. „Die Lehrer haben mir nicht vorgeschrieben, wie ich im Projekt zu arbeiten habe."

- ☐ trifft voll zu
- ☐ trifft zu
- ☐ trifft eher nicht zu
- ☐ trifft nicht zu

4. „Wenn ich Unterstützung brauchte, habe ich diese von den Lehrern erhalten."

- ☐ trifft voll zu
- ☐ trifft zu
- ☐ trifft eher nicht zu
- ☐ trifft nicht zu

5. Mit dem Ergebnis unseres Projekts bin ich insgesamt zufrieden.

- ☐ trifft voll zu
- ☐ trifft zu
- ☐ trifft eher nicht zu
- ☐ trifft nicht zu

6. Gibt es Lob und/oder Kritik am Projekt?

Lob:

____

____

Kritik:

____

____

Herzlichen Dank für deine Mithilfe!

Projektevaluation Eltern

Projekt: ______________________________

Projektzeitraum: ______________________________

Lerngruppe: ______________________________

Liebe Eltern,
um in Zukunft bei Projekten noch besser zu werden, möchten wir uns ein Bild vom oben genannten Projekt machen. Sie können uns hierbei unterstützen, indem Sie Ihre Wahrnehmung des Projekts anhand der unten genannten Fragen darstellen.

1. Hat Ihr Kind Ihnen von der Projektarbeit berichtet?

☐ häufig ☐ einige Male ☐ gar nicht

2. Hatten Sie den Eindruck, Ihrem Kind war der Ablauf klar?

☐ ganz klar ☐ im Wesentlichen klar ☐ eher unklar ☐ völlig unklar

3. Hatten Sie den Eindruck, Ihrem Kind waren die Leistungsanforderungen klar?

☐ ganz klare Leistungsanforderungen ☐ überwiegend klare Leistungsanforderungen
☐ Leistungsanforderungen eher unklar ☐ Leistungsanforderungen völlig unklar

4. Haben Sie aus den Gesprächen mit Ihrem Kind den Eindruck, Ihr Kind hat etwas dazugelernt, was es im „normalen Unterricht" nicht gelernt hätte?

☐ großer Lernzuwachs ☐ ausreichender Lernzuwachs
☐ geringer Lernzuwachs ☐ kein Lernzuwachs

5. Haben Sie Ihr Kind beim Projekt selbst aktiv unterstützt? Falls ja, wie?

☐ nein ☐ ja, durch ______________________________

6. Gibt es Lob und/oder Kritik am Projekt?

Lob:

____

____

Kritik:

____

____

Herzlichen Dank für Ihre Mithilfe!

Projekt: ______________________

Projektzeitraum: ______________________

Lerngruppe: ______________________

Liebe Kollegen,
um in Zukunft bei Projekten noch besser zu werden, möchten wir erfahren, wie ihr das oben genannte Projekt wahrgenommen habt.

1. Wie hast du am Projekt mitgewirkt (Vorbereitung, Betreuung Projektarbeit, Durchführung von Scharniersitzungen, Bewertung)?

____

____

____

2. In welchem Umfang warst du am Projekt beteiligt?

Betreuung und Scharniersitzungen: Anzahl der Wochenstunden: ____________

Vorbereitungsstunden geschätzt: ____________

Bewertungsstunden geschätzt: ____________

3. „Über meine Rolle und Aufgaben innerhalb des Projekts wurde ich rechtzeitig vom projektkoordinierenden Lehrer informiert."

☐ trifft voll zu ☐ trifft eher nicht zu
☐ trifft zu ☐ trifft nicht zu

4. Was hast du bei der Projektarbeit der Schüler Positives wahrgenommen?

____

____

____

5. Was ist dir im Projekt Negatives aufgefallen?

____

____

____

6. Welche Verbesserungsvorschläge möchtest du für das nächste Projekt machen?

____

____

____

7. Sonstige Rückmeldung:

____

____

____

Projektreflexion des Lehrers

Welchen Lernzuwachs bei den Schülern im

1. fachlichen Bereich habe ich beobachten können? (WORAN?)

2. methodischen Bereich habe ich beobachten können? (WORAN?)

3. kommunikativen Bereich habe ich beobachten können? (WORAN?)

4. sozialen und personalen Bereich habe ich beobachten können? (WORAN?)

5. Welche Erfahrungen haben die Schüler gemacht, die sie im Lehrgangsunterricht nicht in dieser Form gemacht hätten?

6. Inwieweit wurde das Projektziel, das sich die Lerngruppe gesetzt hat, erreicht?

7. Welche Schwierigkeiten sind im Projektverlauf aufgetreten und was war die Ursache für diese Schwierigkeiten?

8. Gibt es eine Möglichkeit beim nächsten Projekt durch eine andere Konfiguration des Projekts (Zeitstruktur, thematischer Rahmen, Ressourcen, Zusammensetzung der Gruppen) Probleme zu vermeiden?

9. Welche Rollenveränderung hat bei den Schülern stattgefunden? (Woran erkenne ich das?)

10. Welche Rollenveränderung habe ich bei mir wahrgenommen?

11. Wie habe ich mich in dieser Rolle gefühlt?

12. Welche Auswirkungen hatte das Projekt? – Gibt es ein Folgeprojekt oder eine Fortführung?

Meine zwei Vorsätze für das nächste Projekt:

1

2

Projektrückschau Schüler

Projekt/Thema: ______________________

Name: ______________________

Mit welchen Erwartungen habe ich das Projekt begonnen?

____

____

Was nehme ich mir für das nächste Projekt vor?

____

____

Schullogo

Name der Schule
Adresse der Schule
Telefonnummer der Schule

Testat

& Projektkompetenzbeschreibung

____________________ arbeitete im Zeitraum vom
(Name des Schülers/der Schülerin)

____________________ am Projekt
(Beginn und Ende des Projekts)

____
(Projekttitel)

(Allgemeine Beschreibung des Projekts)

(Beschreibung des im Projekt erworbenen Fachwissens)

(Beschreibung der spezifischen Leistungen und Beiträge des Schülers)

Die Gesamtleistung im Projekt wird mit __________ bewertet.

____
(Datum, Unterschrift des betreuenden Lehrers)

(Schulstempel)

Testat (Seite 2)

Fähigkeiten	A1	A2	B1	B2	C1	C2
Projekt-bezogenes Fachwissen	☐ Ich kenne und verstehe Fachbegriffe, die in Bezug zum Projektthema stehen.	☐ Ich kenne und verstehe Fachbegriffe, die in Bezug zum Projektthema stehen und kann sie erklären.	☐ Ich kann projektbezogene Fachbegriffe differenziert erklären und projektbezogenes Fachwissen im Zusammenhang darstellen.	☐ Ich kann projektbezogene Fachbegriffe differenziert erklären, projektbezogenes Fachwissen im Zusammenhang darstellen und es auf andere Situationen und Bereiche übertragen und flexibel anwenden.	☐ Ich kann projektbezogenes Fachwissen begrifflich sicher und zusammenhängend erklären und den Transfer auf andere Situationen und Bereiche flexibel leisten.	☐ Ich kann projektbezogenes Fachwissen begrifflich sicher und zusammenhängend erklären und den Transfer auf andere Situationen und Bereiche flexibel leisten. Ich kann mich kritisch und bereichsübergreifend (interdisziplinär) mit dem Fachthema auseinandersetzen.
Themenfindung/ Ideen/Initiative	☐ Ich kann Ideen aufgreifen und Ideen variieren.	☐ Ich kann eigene Ideen einbringen und Ideen anderer aufnehmen.	☐ Ich kann viele eigene Ideen, die andere nicht haben, einbringen und kann Ideen anderer variieren.	☐ Ich kann viele unterschiedliche Ideen einbringen, kann Ideen anderer aufgreifen und variieren und kann daraus Projektziele formulieren.	☐ Ich kann viele unterschiedliche Ideen einbringen, kann Ideen anderer aufgreifen und variieren und kann Projektideen differenziert als Projektziel formulieren.	☐ Ich kann viele unterschiedliche Ideen einbringen, kann Projektideen anderer variieren und mit meinen Projektideen verknüpfen. Ich kann ein steuerndes Projektziel nach der SMART-Formel[1] formulieren.
Planungs-kompetenz	☐ Ich kann einen einfachen Arbeitsplan erstellen und überlegen, was möglicherweise schief gehen könnte.	☐ Ich kann einen ausgearbeiteten Arbeitsplan (Projektstrukturplan = PSP) erstellen.	☐ Ich kann mir einen ausgearbeiteten Projektstrukturplan aufstellen und daraus eine zeitliche Planung umsetzen (Projektablaufplan = PAP).	☐ Ich kann einen PSP und einen daraus entwickelten PAP erstellen und dabei die sogenannten „kritischen Wege" (zeitliche Abhängigkeiten) einplanen.	☐ Ich kann einen PSP und einen PAP unter Einbezug „kritischer Wege" erstellen und eine Risikoanalyse erstellen. Der PAP enthält Meilensteine und Puffer.	☐ Ich kann aus PSP, PAP und einer differenzierten Risikoanalyse (Kapazitäts-, Zeit-, Kompetenzrisiken) einen sehr gut durchdachten Projektplan mit Meilensteinen und Puffern aufstellen, der Risiken aufzeigt und Gegenmaßnahmen enthält.
Durchführungs-kompetenz	☐ Ich kann das Projekt gemeinsam mit anderen durchführen. Hierbei brauche ich häufig Unterstützung bei der Umsetzung.	☐ Ich kann das Projekt gemeinsam mit anderen weitgehend ohne fremde Hilfe durchführen.	☐ Ich kann das Projekt ohne Hilfe und entsprechend einer geplanten Vorgehensweise durchführen.	☐ Ich kann das Projekt selbstständig mit anderen entsprechend der Planung durchführen und dabei stellenweise die Planung anpassen und überarbeiten.	☐ Ich kann das Projekt selbstständig mit anderen entsprechend der Planung durchführen. Die Planung wird im Durchführungsprozess stetig angepasst.	☐ Ich kann das Projekt selbstständig mit anderen durchführen. Während der Durchführung wird die Planung stetig reflektiert und so angepasst, dass der weitere Projektverlauf dabei ständig optimiert wird.

[1] „SMART" ist eine Regel zur Formulierung von Projektzielen und steht für: **S**pezifisch, **M**essbar, **A**ttraktiv, **R**elevant, **T**erminiert.

Testat (Seite 3)

Fähigkeiten	A1	A2	B1	B2	C1	C2
Arbeits- und Zeit-management	☐ Ich kann mir Ziele setzen und diese zum Teil umsetzen.	☐ Ich kann mir Ziele setzen. Meine Zeiteinschätzung für den Arbeits-aufwand stimmt ungefähr.	☐ Ich kann mir Ziele setzen, die ich erreiche. Den zeitlichen Aufwand kann ich gut abschätzen.	☐ Ich kann mir Ziele setzen und diese zeitlich gut geplant umsetzen (Effektivität). Die Ziele sind relevant.	☐ Ich kann mir relevante Ziele setzen und diese effektiv umsetzen.	☐ Ich führe die richtigen Arbeitsschritte (Effizienz) wirksam und mit geringstmöglichem Zeiteinsatz aus (Effektivität).
Kommunika-tionsfähigkeit	☐ Ich spreche mit anderen in meiner Projektgruppe.	☐ Ich spreche mit anderen in meiner Projektgruppe und höre ihnen zu.	☐ Ich spreche mit anderen in meiner Projektgruppe, höre ihnen zu und beziehe mich auf die Äußerungen der anderen.	☐ Ich spreche mit anderen, höre ihnen aktiv zu und beziehe mich auf die Äußerungen der anderen.	☐ Ich spreche mit anderen und höre aktiv zu. Ich beziehe die Beiträge der anderen in meine Überlegungen und Äußerungen mit ein.	☐ Ich spreche mit anderen und höre aktiv zu. Ich beziehe die Beiträge der anderen in meine Überlegungen und Äußerungen mit ein. Ich kann Gespräche moderieren.
Teamfähigkeit	☐ Ich kann an der Durchführung mitarbeiten.	☐ Ich kann an der Durchführung mitarbeiten und gebe meinen Gruppen-mitgliedern Impulse.	☐ Ich arbeite an der Durchführung mit und gebe immer wieder Impulse an meine Gruppe.	☐ Ich arbeite an der Durchführung stetig mit, gebe immer wieder Impulse für die Weiter-arbeit und kann mich, falls nötig, auch zurücknehmen.	☐ Ich arbeite stetig und aktiv an der Projektarbeit mit, meine Impulse bringen die Teamarbeit stark voran. Gleichzeitig kann ich mich, falls nötig, auch zurücknehmen.	☐ Ich kann die Durchführung voranbringen, indem ich aktiv an der richtigen Stelle Impulse gebe und mich an den richtigen Stellen zurücknehme und die Kompetenzen anderer für das Projekt wirksam werden lasse.
Informations-kompetenz (Information Literacy)	☐ Ich kann Informationen aus vorgegebenen Quellen entnehmen.	☐ Ich kann Informationen aus selbst gewählten Quellen entnehmen.	☐ Ich kann Informationen aus unterschiedlichen Quellen (Bücher, Lexika, Internet) gezielt auffinden und treffend entnehmen.	☐ Ich kann Informationsquellen gezielt entsprechend meines Informations-bedarfs auffinden. Dabei verwende ich unterschiedliche Quellen (Bücher, Zeitungen, Zeitschriften, Radio, TV, Internet) und nutze deren jeweilige Stärken.	☐ Ich kann meinen Informationsbedarf genau einschätzen und kann gezielt das ganze Spektrum möglicher Quellen (Bücher, Lexika, Zeitungen, Zeitschriften, Radio, TV, Internet) nutzen. Die Ergebnisse kann ich kritisch bewerten.	☐ Ich kann mein spezifisches Informationsbedürfnis durch gezielte „crossmediale" Recherche in allen zur Verfügung stehenden Medien zeitlich effektiv decken. Meine Recherche ist jeweils dem aktuellen Informationsbedarf angepasst. Die gefundenen Informationen kann ich hinsichtlich ihrer Zuverlässigkeit und Richtigkeit differenziert bewerten und verwenden.

Testat (Seite 4)

Fähigkeiten	A1	A2	B1	B2	C1	C2
Präsentations-kompetenz	☐ Ich kann mein Projekt in eigenen Worten mit Hilfsmitteln vorstellen.	☐ Ich kann mein Projekt in eigenen Worten und weitgehend frei (z. B. nur mit Karteikarten als Gedächtnisstütze) vorstellen.	☐ Ich kann mein Projekt in eigenen Worten frei vorstellen. Dabei verwende ich Medien und/oder Materialien zur Veranschau-lichung.	☐ Ich kann mein Projekt in eigenen Worten frei vorstellen. Dabei verwende ich Medien und/oder Materialien zielgerichtet und gut eingebettet zur Veranschaulichung.	☐ Ich kann mein Projekt in eigenen Worten frei vorstellen. Dabei verwende ich qualitativ hochwertige Medien und/oder Materialien zur Veranschaulichung. Mein Vortrag ist auf die Adressaten zugeschnitten und wird von ihnen als interessant und abwechslungsreich empfunden.	☐ Ich kann mein Projekt in eigenen Worten frei vorstellen. Dabei verwende ich qualitativ hochwertige und fesselnde Medien und/oder Materialien zur Veranschaulichung. Der auf die Zuhörer zugeschnittene Vortrag wird von ihnen als spannend und fürs Thema begeisternd empfunden. Ich kann das Vorwissen der Zuhörer einbeziehen und diese aktivieren.
Dokumen-tations- und Reflexions-kompetenz	☐ Ich kann mein Projekt schriftlich in groben Zügen beschreiben. Dabei stelle ich den Verlauf und das Ergebnis dar.	☐ Ich kann mein Projekt schriftlich gründlich beschreiben. Dabei stelle ich den Verlauf und das Ergebnis dar. Meine Dokumentation enthält rückblickende Überlegungen zum Projekt. Deckblatt und Inhaltsverzeichnis sind vorhanden. Die Form ist ordentlich.	☐ Ich kann mein Projekt differenziert und strukturiert beschreiben. Meine Reflexion bezieht sich auf den Prozess und das Ergebnis des Projekts. Das Deckblatt ist funktional, die Gliederung vollständig. Die Form ist einheitlich und die Sprache überwiegend fehlerfrei.	☐ Ich kann mein Projekt differenziert und strukturiert beschreiben. Meine Reflexion bezieht sich auf den Prozess und das Ergebnis des Projekts. Das Deckblatt ist funktional, die Gliederung ist vollständig und automatisch generiert. Die Seiten sind einheitlich formatiert und ansprechend gestaltet. Die Sprache ist überwiegend fehlerfrei. Grafiken und bildliche Elemente veranschaulichen den Inhalt.	☐ Ich kann mein Projekt differenziert und strukturiert beschreiben. Meine Reflexion bezieht sich auf den Prozess und das Ergebnis des Projekts sowie meinen Lerngewinn. Das Deckblatt ist funktional und ansprechend gestaltet. Die Gliederung ist automatisch generiert und enthält Seitenzahlenangaben. Die Seiten sind einheitlich formatiert und ansprechend gestaltet. Die Sprache ist weitgehend fehlerfrei. Grafiken und bildliche Elemente veranschaulichen den Inhalt.	☐ Ich kann mein Projekt differenziert und strukturiert beschreiben. Meine Reflexion bezieht sich auf den Prozess und das Ergebnis des Projekts sowie meinen Lerngewinn, der differenziert beschrieben wird. Das Deckblatt ist funktional und ansprechend gestaltet. Die Gliederung ist automatisch generiert und enthält Seitenzahlenangaben. Die Seiten sind einheitlich formatiert und ansprechend gestaltet. Die Sprache ist weitgehend fehlerfrei. Geeignete, qualitativ hochwertige Grafiken und bildliche Elemente veranschaulichen den Prozess und das Projektergebnis.

Projektbezogenes Fachwissen: Hier kann die fachliche Dimension auf unterschiedlichen Anforderungsstufen (in Anlehnung an die Bloomsche Taxonomie) konkretisiert werden.

A1/A2 Wissen: ______________________

B1 Verstehen: ______________________

B2 Anwendung: ______________________

C1/C2 Reflexion: ______________________